Monika Bauer

Dorothy Day (1897–1980)

T V Z

Monika Bauer

Dorothy Day (1897–1980)

Journalistin – Sozialaktivistin – Mystikerin

Theologischer Verlag Zürich

Der Theologische Verlag Zürich wird vom Bundesamt für Kultur für die Jahre 2021–2024 unterstützt.

Die Deutsche Bibliothek – Bibliografische Einheitsaufnahme
Die Deutsche Bibliothek verzeichnet diese Publikation in der Deutschen Nationalbibliografie; detaillierte bibliografische Daten sind im Internet über http://www.dnb.de abrufbar.

Umschlaggestaltung: Simone Ackermann, Zürich, unter Verwendung einer Fotografie von Diana Davies bei der Rede Dorothy Days auf dem Union Square in New York am 6.11.1965
Satz und Layout: Claudia Wild, Konstanz
Druck: CPI books GmbH, Leck

ISBN 978-3-290-20222-4 (Print)
ISBN 978-3-290-20221-7 (E-Book: PDF)
© 2022 Theologischer Verlag Zürich
www.edition-nzn.ch

Alle Rechte vorbehalten.

Inhalt

1	Einleitung	7
2	Kindheit und Jugend	10
3	Studienjahre an der Universität von Illinois in Urbana	14
4	Engagierte Journalistin und Bohemienne	17
5	Jahre der Unruhe und Suche	21
6	Eine grosse Liebe und ein tiefes Leid	25
7	Begegnung mit Peter Maurin (1877–1949)	31
8	Die Gründung der Zeitung THE CATHOLIC WORKER (CW)	38
9	Häuser der Gastfreundschaft zur Förderung des Gemeinschaftslebens	45
10	Die Catholic-Worker-Bewegung entsteht	55
11	Gespräche am runden Tisch zur Klärung der Gedanken	60
	Kirchenbilder	65
	Liturgie als Gemeinschaftsgeschehen	69
	Wer ist ein guter Apostel, eine gute Apostelin?	73
	Heiligung des Lebens im Alltag und bei der Arbeit	85
	Die Aufgabe der Laien	88

12	Landwirtschaftliche Universitäten	93
13	Kriegszeiten und Friedensinseln	98
	Die Pazifistin Dorothy steht im Gegenwind	100
	Dorothy vertieft ihre Spiritualität	103
	Dorothy nimmt sich eine Auszeit	106
14	Ammon Hennacy (1893–1970)	109
15	Kapitalismuskritik und ziviler Widerstand	113
	Dorothy Day kritisiert die atomare Aufrüstung	117
16	Umbruchzeiten in Staat und Kirche	120
	Bürgerrechtsbewegung	122
	Pilgerin für den Frieden und Reisen nach Rom 1963 und 1965	124
	Eine Friedensikone – weltweit	130
	Vietnam	131
17	Die späten Jahre	139
18	Letzte Pilgerreise	148
19	Haunted by God – die Zumutung, von Gott heimgesucht zu sein	152
20	Heilige Dorothy Day?	154
21	Ausklang	162
	Text- und Bildnachweise	169
	Benutzte Quelle	169
	Literatur von Dorothy Day	169
	Diverse Videos auf Youtube	170
	Biografien	171
	Deutsche Literatur von oder über Dorothy Day	171
	Bildmaterial	172
Register		173
Dank		177

1 Einleitung

Bei seiner Rede vor dem amerikanischen Kongress am 24. September 2015 erwähnt Papst Franziskus Dorothy Day als eine von vier Persönlichkeiten, die mit ihrer Leidenschaft Amerika prägten. Diese Aussage löst in den USA eine Publikationswelle zu Leben und Werk der 1980 verstorbenen Katholikin aus.[1]

Die bei uns wenig bekannte Frau gilt als zentrale Figur für den Umbruch der katholischen Kirche Amerikas in der Mitte des 20. Jahrhunderts. Die Anarchistin gründete nach ihrer Konversion zusammen mit ihrem Mitstreiter Peter Maurin 1933 die erste linke katholische Zeitung THE CATHOLIC WORKER, nahm sich der Bedürftigen an und profilierte sich als Friedensaktivistin. Als Dorothy Day am 29.11.1980 in einem Haus für obdachlose Frauen in New York starb, berichteten alle großen amerikanischen Zeitungen über ihren Tod und schilderten ihren Einfluss auf das soziale und ökonomische Denken einer ganzen Generation. Obwohl sie keine

---
1 Der New York Times-Kolumnist David Brooks beschreibt 2016 Day in seinem Bestseller THE ROAD TO CHARACTER als vorbildliche Frau im Kampf für Gerechtigkeit. Im selben Jahr wird der Bildband von Days Enkelin Kate Hennessy DOROTHY DAY AND THE CATHOLIC WORKER: THE MIRACLE OF OUR CONTINUANCE veröffentlicht und 2017 ihr Buch DOROTHY DAY, THE WORLD WILL BE SAVED BY BEAUTY, AN INTIMATE PORTRAIT OF MY GRANDMOTHER. 2019 sendet das öffentliche amerikanische Fernsehen den Film über die Gründerin der katholischen Arbeiterbewegung REVOLUTION OF THE HEART, und 2020 publiziert der angesehene Verlag Simon&Schuster die Biografie DOROTHY DAY, DISSENTING VOICE OF THE AMERICAN CENTURY von John Loughery und Blythe Randolph.

offizielle Stelle in der Kirche hatte, wird sie in katholischen Medien als einflussreichste Person in der Geschichte des amerikanischen Katholizismus beschrieben. Mit kritischer Distanz zur amerikanischen Kultur forderte sie die Kirche zur Solidarität mit Armen und Farbigen auf, setzte sich für Gewerkschaften ein und unterstützte Kriegsdienstverweigerer. Ihr langjähriger Mitarbeiter Robert Ellsberg nennt sie eine Ikone des radikalen Gewissens in der katholischen Kirche Amerikas. Die kämpferische Pazifistin und christliche Sozialaktivistin, die Gebet und Protest miteinander verband, hat eine Unzahl von Menschen bewegt, das Evangelium und die Lehre der katholischen Kirche mit neuen Augen zu sehen. In der Nachfolge Jesu solidarisierte sich Dorothy Day mit den Armen und blieb bis zu ihrem Lebensende eine widerständige Frau, deren Leben und Werk weder gesellschafts- noch kirchenkonform war. Ihre kommunistische Vergangenheit könnte ein Grund dafür sein, dass ihr kirchliche Kreise in Amerika lange mit Skepsis begegneten. Wer war diese Frau, die unter den Bedingungen der Postmoderne ein authentisch christliches Leben gestaltete?

Um Dorothy Day kennenzulernen, empfehlen Menschen aus ihrem Umfeld, ihre Schriften zu lesen, ihre Vita kontextbezogen und im Ganzen zu betrachten und Widersprüchliches auszuhalten; nur so zeige sich ihr spannungsvolles Leben. Dorothy, wie die meisten sie nennen, wird als sehr weiblich, scheu wie ein Mädchen und autoritär wie eine Generaloberin beschrieben. Die willensstarke, intelligente Frau konnte herzhaft lachen, einfühlsam trösten, unanständige Witze erzählen und mit bissiger Zunge Mitarbeitende verletzend kritisieren. Bewundert und geliebt von vielen, wird sie auch als stur, hart, nachtragend und zerrissen wahrgenommen. Betonen die einen Dorothys politische, radikale Position und ihre Nähe zum Kommunismus, ist anderen der spirituelle Aspekt und der Wunsch nach Übereinstimmung mit der kirchlichen Lehre wichtig.

In diesem Buch, das sich auf meine Dissertation GENOSSIN IN CHRISTUS (2016) stützt, möchte ich den Eckdaten im Leben von Dorothy Day nachgehen. Die meisten von mir übersetzten Zitate aus Dorothy Days Büchern, Zeitungsartikeln, Tagebüchern und Briefen sind in meiner wissenschaftlichen Arbeit im englischen Original einzusehen. Die neu erschienenen Biografien der Enkelin Kate Hennessy und von John Loughery/Blythe Randolph erhellen zusätzliche Aspekte einer reichhaltigen und erfüllten Vita. Aus der Fülle an Informationen wähle ich, was mir relevant erscheint, und hoffe dabei, Widersprüchliches in Leben und Werk einer faszinierenden Frau nicht allzu sehr zu glätten.

2 Kindheit und Jugend

Dorothy May Day wird am 8.11.1897 als drittes Kind von John und Grace Day-Satterlee geboren. Vor ihr kamen Donald (1895) und Sam Housten (1896) zur Welt; Della (1899) und John (1912) werden die Familie vervollständigen. Der Vater mit irisch-schottischer Abstammung und calvinistischer Prägung verdient sein Leben als Sportjournalist, hat rassistische Züge und eine Zuneigung zu Whisky. John Day ist kein Familienmensch und will nicht von Kinderlärm gestört werden. Er sorgt dafür, dass die weiblichen Mitglieder seiner Familie unter seiner Kontrolle bleiben und keinen Schund lesen. So wird die gut bestückte Bibliothek zum Treffpunkt der Familie. Obwohl John Day seine Kinder nicht taufen lässt, stellt er in einem Brief klar, dass er als Atheist humaner lebe als ein verwandter Kirchgänger. Mit kantigen Gesichtszügen, einem knochigen Körperbau und einer Ausstrahlung von kontrollierter Distanz gleicht Dorothy äusserlich ihrem Vater, innerlich fühlt sie sich aber mehr der mütterlichen Linie verbunden. Grace Satterlee aus Marlboro, New York, stammt aus einer warmherzigen, gebildeten englischen Seefahrerfamilie, die der episkopalen Kirche angehört. Sie lernt als eine der ersten Frauen Amerikas das Stenografieren und wärmt mit ihrer Anmut und Freundlichkeit alle. Sie hat einen ausgeglichenen Charakter und die wundervolle Begabung, das Leben in allen Erscheinungsformen zu lieben. Sie ist eine kreative Hausfrau, liebevolle Mutter und begabte Geschichtenerzählerin.

Als der Vater Arbeit in San Francisco erhält, zieht die Familie in ein Haus mit Garten nach Oakland, wo Dorothy das Herumtollen

Abb. 1: Dorothy mit ihrer jüngeren Schwester Della

mit ihren Brüdern liebt. Das frühreife Kind kann schon als Vierjährige lesen. Eine zufällig gefundene Bibel auf dem Estrich und Hymnen, die sie beim Sonntagsschulbesuch mit einem methodistischen Nachbarmädchen kennenlernt, lösen erste religiöse Gefühle aus. Auch die Frömmigkeit einer Nachbarin lässt Dorothy erahnen, dass ein mit Gott verbundenes Leben Kraft und Wärme ausstrahlen kann. Sie kennt zwar ein formelles Nachtgebet und ein Gebet bei Gewitter, trotzdem durchleidet sie nachts schreckliche Gefühle der Verlorenheit, die sie mit einem furchterregenden, unpersönlichen Gott in Verbindung bringt. Oft erwacht sie schreiend und beruhigt sich erst, wenn die Mutter tröstend am Bettrand sitzt.

Als 1906 rund um San Francisco die Erde bebt, wird das Wohnhaus der Familie in der Mitte auseinandergerissen, bleibt aber aufrecht stehen. Das Beben erschüttert die Neunjährige, doch auch die Anteilname der Mutter, die den Heimatlosen alles verschenkt, was nicht unbedingt nötig ist, hinterlässt einen tiefen Eindruck. Da der Arbeitsplatz des Vaters zerstört wurde, muss die Familie eine günstige Wohnung in der katholisch geprägten Industriestadt Chicago beziehen. Dorothy erlebt zum ersten Mal Armut am eigenen Leib und schämt sich dafür. Die Mutter versucht mit einem Tropfen Parfüm im Badewasser, Puppen aus Stoffresten und selbstgebackenem Brot dem häuslichen Leben Lichtblicke zu schenken, doch die alleinige Fürsorgelast für die Familie laugt sie aus. Nach vier Fehlgeburten in kurzen Abständen bricht sie zusammen. Dorothy hat durch die Bekanntschaft mit einem katholischen Mädchen erlebt, wie in kinderreichen katholischen Familien gemeinsam gebetet und gearbeitet wird, und hilft ihrer Mutter, wo sie kann. Als der Vater wieder als Sportjournalist arbeitet, zieht die Familie in eine grössere Wohnung im Norden Chicagos. Neben der Leidenschaft für das geschriebene Wort begleiten Neugier, lange Phasen der Niedergeschlagenheit und eine grosse Sehnsucht nach Liebe Dorothy in die Pubertät. In der Familie Day werden keine Zärtlichkeiten ausgetauscht, und die lebenshungrige Jugendliche sehnt sich nach dem unkomplizierten Umgang, den sie in den italienischen und polnischen Arbeiterfamilien gesehen hat. Zugleich schreckt sie davor zurück, weil sich Körperlichkeit für ein anständiges, reformiertes Mädchen nicht schickt. Auf der Suche nach Geborgenheit besucht sie die episkopale Kirche, wo ihre Brüder im Chor singen. In den Gottesdiensten erlebt sie soviel beglückende Schönheit und Sinnlichkeit, dass sie sich mit zwölf Jahren taufen lässt.

Als die Mutter nach der Geburt des Nachzüglers John an einer Nachgeburtsdepression leidet, kümmert sich Dorothy während ihrer Highschool-Zeit liebevoll um den kleinen Bruder, der oft in ihrem Bett schläft. Nachdem sie den Kleinen in den frühen Morgenstunden gewickelt und gefüttert hat, erledigt sie Hausaufgaben und übersetzt zusätzlich Vergil und das Neue Testament aus dem Urtext. Sie liest die Bekenntnisse des Augustinus und die IMITATIO CHRISTI von Thomas a Kempis, stellt hohe Ansprüche an ihre Lebensführung und wird von schweren Kopfwehattacken gequält.

In Dorothys pubertäre Aufbruchsstimmung fällt die Auseinandersetzung mit sozialkritischer Literatur. Neben Artikeln ihres Bruders Donald über den Sozialistenführer Eugen Debs liest sie Schriften von Jack London, Vera Figner und Pjotr Kropotkin. Doch Upton Sinclair ist es, der sie auf das Elend vor der eigenen Haustür aufmerksam macht. Im aufwühlenden Roman THE JUNGLE (1906) beschreibt er die unmenschlichen Arbeitsbedingungen der Einwanderer in der Fleischindustrie. Auf den Spuren der Romanfiguren macht Dorothy lange Spaziergänge mit John im Kinderwagen. Sie entdeckt in Chicagos Armenvierteln neben der Not auch die Farben der italienischen Gärtchen, den Klang polnischer Strassenmusikanten und den Brotduft aus deutschen Bäckereien. Die Begegnung mit den Armen gibt von nun an ihrem Leben Richtung und löst eine Abwendung von der episkopalen Kirche aus, die Armut als selbstverschuldet betrachtet. Dorothy sucht nach einer Synthese zwischen Sozialismus und Christentum und träumt von einem solidarischen Zusammenleben, wie sie es aus sozialistischen und anarchistischen Büchern kennt und wie ihre Mutter es vorlebte.

3 Studienjahre an der Universität von Illinois in Urbana

Ihre Höchstleistungen in alten Sprachen bringen Dorothy ein Universitätsstipendium ein. Gegen den väterlichen Willen und ohne Studienziel reist die Sechzehnjährige 1914 zur Universität von Illinois nach Urbana. Jünger als die Mitstudierenden, bescheiden gekleidet, nicht interessiert an Sportanlässen und kaum in Vorlesungen, bleibt sie lange Aussenseiterin. Bald quälen sie Heimweh und die fehlende körperliche Nähe zum kleinen Bruder. Da das Stipendium nur die Studienkosten deckt, wohnt Dorothy in Professorenfamilien, wo sie für ihre Dienste als Hausmagd und Kindermädchen magere Kost und ein ungeheiztes Zimmer erhält.

Unter der Bettdecke liest sie die Geschichte der amerikanischen Arbeiterbewegung. Sie interessiert sich für die Ideen der revolutionären Frauen Elizabeth Gurley Flynn und Emma Goldman und unterstützt 1915 die kleine Minderheit gewerkschaftlich Aktiver im Kampf für einen 10-Stunden-Tag. Bedeutsam ist ihre Entdeckung der russischen Literatur des 19. Jahrhunderts, besonders die Bücher von Leo Tolstoi und Fjodor Dostojewski bewegen sie. Löst die Lektüre aber religiöse Gefühle aus, erinnert sie sich an die Worte eines Professors, der Religion als Trost für die Schwachen umschrieb. Dorothy will zu den Starken gehören. Sie beginnt zu fluchen und zu rauchen und isst wenig, damit sie Bücher und Zigaretten kaufen kann. Ihre Hungererfahrungen verarbeitet sie in einem Text, der in der Studentenzeitschrift veröffentlicht wird und ihr den Zutritt zu einem Klub für begabte Schreibende an der Universität verschafft. Ihr zweites Studienjahr wird besonders durch

Abb. 2: Die junge Dorothy

3 Studienjahre an der Universität von Illinois in Urbana

die Freundschaft mit Rayna Simons geprägt: Auf das Drängen ihrer Freundin teilt sie unentgeltlich deren Zimmer in einer jüdischen Pension. Die jungen Frauen verbringen viel Zeit miteinander, besuchen radikale Veranstaltungen und feministische Informationsabende bei Margaret Sanger, die trotz Verbot über Verhütungsmethoden berichtet. Dorothys Studentinnenleben nimmt ein jähes Ende, als ihre Familie wegen einer Anstellung des Vaters 1916 nach New York zieht. Um in der Nähe von John und Della zu sein, trennt sie sich schweren Herzens von Rayna. Die Freundschaft mit kulturell interessierten Linksintellektuellen und ihre ersten Erfolge bei den SCRIBBLERS geben Dorothy aber das nötige Selbstvertrauen, um an eine unabhängige Journalistinnenlaufbahn zu glauben.

4   Engagierte Journalistin und Bohemienne

Zurück in New York behandelt der autoritäre Vater seine Tochter wie ein von der Universität verdorbenes Kind. Da sich die eigensinnige Dorothy ihm nicht unterordnet, kommt es zu permanenten Auseinandersetzungen. Die junge Frau weint viel und wird vom Gefühl tiefer Einsamkeit eingeholt. Als sie im September 1916 bei THE CALL, der einzigen sozialistischen Tageszeitung New Yorks, eine Arbeit annimmt, erteilt ihr der Vater Hausverbot. Er findet, die Rolle einer Frau sei es, zuhause zu bleiben und schön zu sein. Dorothy teilt diese Auffassung nicht und zahlt einen hohen Preis für ihre Unabhängigkeit. Mit ihrem Praktikantinnenlohn kann sie sich nur billige Absteigen bei armen jüdischen Familien leisten. Doch deren Herzlichkeit tut ihr gut. Sie besucht mit den weiblichen Hausbewohnerinnen das öffentliche Bad, und kommt sie nach einer nächtlichen Sitzung in ihr Zimmer, findet sie oft ein Stück Kuchen vor ihrer Tür. Auch Mutter Grace bringt ihr Essen, wenn sie mit Della und John ihre Tochter heimlich besucht, und ermöglicht ihr den Kauf eines Plattenspielers, der zum Anziehungspunkt der Kinder im Haus wird.

Dorothys Armutserfahrungen und die Diskussionen mit dem Redaktionsteam von THE CALL schärfen ihr politisches Bewusstsein. Sie erfährt, wie staatliche Repressionen und ein bewusst geschürter Fremdenhass die Arbeiterbewegung Amerikas von Beginn an geschwächt haben. Der Herausgeber Mike Gold ist Mitglied der sozialistischen Partei und der 1905 in Chicago gegründeten kommunistischen Gewerkschaft Industrial Workers of the

World (IWW). Auch Dorothy schreibt sich bei den Wobblies ein, wie die Mitglieder der IWW auch genannt werden. Ihre Bereitschaft, das Leben mit den Unterprivilegierten zu teilen, prädestiniert sie zu einer Karriere als anwaltschaftliche Journalistin. Sie teilt das Gedankengut und den Lebensstil emanzipierter radikaler Frauen und sieht, dass vor allem Arbeiterinnen unter unerwünschten Schwangerschaften leiden. Folgerichtig ist Dorothys erster Artikel in THE CALL vom 28. Januar 1917 der Geburtenkontrolle gewidmet. In weiteren Beiträgen berichtet sie über Gewerkschaftsversammlungen und Streiks und schildert in lebendig gezeichneten Portraits die schlechten Lebensbedingungen von Hausangestellten. Ihr persönlicher, engagierter Stil kommt bei der Leserschaft gut an. Auch der Herausgeber schätzt die Talente seiner neuen Mitarbeiterin, mit der er über ein freiheitliches Leben und russische Literatur diskutieren kann. Zusammen mit ihm kann sie sogar ein Interview mit Leo Trotzki führen. Mike Gold und Dorothy Day werden ein Liebespaar, das die Welt verändern möchte. Als Mike Dorothy seiner jüdisch-orthodoxen Familie vorstellt, reagiert diese wenig entzückt auf die Nichtjüdin. Dennoch singen die beiden im März 1917 gemeinsam die russische Arbeiterhymne. Leider wird die Hoffnung auf ein geschwisterliches Zusammenleben aller Arbeitenden der Welt mit dem Eintritt Amerikas in den Krieg im April 1917 jäh zerschlagen. Als Dorothy bei einem Anarchistenball die Annäherungen eines Verehrers heftig abwehrt, wird sie von Mike für das rüde Behandeln eines Kollegen so scharf kritisiert, dass sie verärgert ihren Job hinwirft. Auch von Heiratsplänen liest man nichts mehr, doch ein loser Kontakt zu Mike bleibt bestehen.

Mit 19 Jahren ist Dorothy Expertin im aufdeckenden Journalismus und findet bald Arbeit bei THE MASSES, das sich von einem 1911 gegründeten Blatt linker Intellektueller zu einem renommierten Magazin gemausert hat. Im Kreis einer literarischen Elite wird ihr Esprit geschätzt. Als Assistentin der prominenten Herausgeber Max Eastman und Floyd Dell lernt sie in Kürze die Technik des Layouts kennen und verantwortet während einer langen Ferienreise der Editoren das Erscheinen des Blattes. Da die Zeitungs-

Abb. 3: Dorothy (Mitte) protestiert 1917 gegen den Eintritt der USA in den ersten Weltkrieg

macher Dorothy nicht nur die Arbeit, sondern auch ihre Wohnung überlassen haben, erlebt sie einen so glücklichen Sommer, dass sie die ganze Welt umarmen möchte, Freundinnen und Obdachlose zur Übernachtung einlädt. Doch als sich THE MASSES kritisch zum Eintritt Amerikas in den Weltkrieg äussert, wird das Redaktionsbüro vom FBI gestürmt und geschlossen. Die erneut arbeitslose Dorothy ist dankbar für Mikes Auftrag, eine Demonstration für das Frauenstimmrecht zu kommentieren. Er macht sie mit Peggy Baird Johns bekannt, die Dorothy zur Kundgebung einlädt. Doch die friedfertigen Suffragetten, die im November 1917 zum Regierungsgebäude in Washington marschieren, werden verhaftet, bevor sie ihr Anliegen vortragen können. Um ihnen das Protestieren auszutreiben, werden sie von Polizisten brutal zusammengeschlagen, in Polizeiwagen gestossen und in das berüchtigte Gefängnis Occoquan gefahren. Dort treten die Frauen in einen Hungerstreik, um den Status von politischen Gefangenen zu erhalten. In ihrer Einzelzelle überfallen Dorothy erneut die Albträume aus der Kindheit. Tagelang weint sie, bis sie zum einzig erlaubten Buch, der Bibel, greift. Bei der Lektüre der Psalmen verbindet sie sich mit den Gequälten aller Zeiten. Obwohl sie sich gegen religiöse Gefühle sträubt, schreit sie wie die Gefangenen in Babylon in ihrer Qual zu Gott. Nach 18-tägiger Haft werden die Frauen durch eine persönliche Anordnung von Präsident Wilson freigelassen.

Zurück in New York versucht Dorothy vergeblich, beim LIBERATOR (dem Nachfolgeblatt von THE MASSES) eine Anstellung zu bekommen. Sie lebt von der Hand in den Mund und verbringt, befreit von bürgerlichen Rollenklischees, den Winter 1917/18 unter Künstlerinnen und Radikalen in Greenwich Village. Mike Gold stellt sie dem Künstlerkreis um Eugen O'Neill vor, der sich im Hinterzimmer eines verrauchten Lokals trifft. Nun verbringt die trinkfeste Dorothy ihre Abende in dieser Runde und hört, wie O'Neill das Gedicht THE HOUND OF HEAVEN von Francis Thompson rezitiert. Geschildert werden Himmelshunde, die für Gott Seelen fangen. Die Verse berühren Dorothy zutiefst. Ein Leben lang ist sie Gene O'Neill dankbar für dieses Gedicht, das ihre Seele in Schwingung versetzt. Der irischstämmige Dichter kann Dorothys Ergriffenheit nachempfinden und findet in ihr ein ebenbürtiges Gegenüber und eine Inspirationsquelle. Als Getriebener, der nicht allein sein kann, trägt O'Neill Dorothy nächtelang seine Stücke vor. Oft bringt sie den Stockbetrunkenen in seine Wohnung, schlägt seine Avancen jedoch standhaft aus. Sie liest wieder Augustinus und sucht nach durchzechten Nächten Geborgenheit in katholischen Kirchen, verheimlicht aber ihrem Freundeskreis die neu aufbrechende Sehnsucht nach dem Göttlichen. Der Tod eines Heroinsüchtigen in ihren Armen löst schliesslich den Abschied von der ruhelosen Boheme aus. Die Erinnerung an den Starzen Zosima, der in Dostojewskis Roman DIE BRÜDER KARAMASOW sagt, die Liebe zu Gott drücke sich in der Liebe zu Menschen aus, bewegt Dorothy, eine Pflegerinnenausbildung zu beginnen. Mit dieser Arbeit erhofft sie sich Sinnerfüllung und Seelenfrieden.

5 Jahre der Unruhe und Suche

Über die folgenden Lebensjahre äussert sich Day wenig; sie benennt die Zeit als Jahre des Suchens, schreibt in THE LONG LONELINESS von durchlebtem Glück und herzzerreissendem Leid. Die Irrungen und Wirrungen der Protagonistin June in Dorothys Roman THE ELEVENTH VIRGIN lassen jedoch vieles erahnen.

Im Frühling 1918 beginnt Dorothy zusammen mit ihrer Schwester Della im Kings County Hospital in Brooklyn eine Pflegerinnenausbildung. In überlangen Arbeitstagen, ständig mit dem Elend verwundeter Soldaten und an der Spanischen Grippe Verstorbener konfrontiert, stösst Dorothy schnell an ihre Grenzen. Sie ist dankbar, dass ihr eine erfahrene katholische Krankenschwester einen geduldigen Umgang mit den Patienten zeigt. Sie begleitet Mrs Adam hie und da in die Frühmesse und erlebt dies als den Einbruch von Schönheit in ihr Leben. Trotzdem verstärkt sich ihre depressive Grundstimmung, da ihr immer deutlicher wird, dass ihre Berufung das Schreiben ist. Sie hat Lionel Moise kennenlernt und sich haltlos in den blauäugigen jüdischen Beau verliebt, von dem eine fatale Anziehung ausgeht. Der brillante und belesene Reporter mit kühler Ausstrahlung liebt Pferde und Alkohol. Er will sich nicht binden, hilft Dorothy aber, ihren journalistischen Stil zu entwickeln. Nach Beendigung ihrer Pflegerinnenausbildung zieht sie zu ihrem Liebhaber. Lionel freut sich, dass eine Frau den Haushalt betreut. Aber er kontrolliert Dorothy vollkommen und droht, sie zu verlassen, sollte sie schwanger werden. Dennoch wirbt sie stetig um die Zuneigung des zehn Jahre älteren Mannes, Als er im

Sommer 1919 Arbeit in Chicago findet, folgt sie ihm und verschweigt ihre Schwangerschaft. Sehr spät entschliesst sie sich zu einer qualvollen Abtreibung in einer zweifelhaften Praxis, wo Lionel sie nach dem Eingriff nicht abholt. Als sie allein und geschwächt die gemeinsame Wohnung erreicht, findet sie dort einige Geldscheine und Lionels Abschiedsbrief, indem er ihr rät, einen reichen, alten Mann zu heiraten. Dorothy reist völlig verzweifelt und an den Folgen der unsauberen Abtreibung leidend nach New York. Obwohl sie bei Freunden wohnt, Mutter und Schwester trifft, versucht sie zweimal, sich das Leben zu nehmen. Beide Male wird sie rechtzeitig gerettet, braucht aber Monate, bis sie psychisch und physisch wieder stabil ist.

Im Februar 1921 ehelicht Dorothy den 20 Jahre älteren, wohlhabenden Literaturagenten Berkeley Tobey, von dem nicht viel bekannt ist, ausser dass er sechs oder acht Ehefrauen hatte. Dorothy ist seine dritte Frau. Der überstürzte Schritt in die Ehe mit einem bindungsunfähigen Mann bringt ihr kein Glück. Sie leidet unter seinen Affären und ertränkt ihren Kummer im Alkohol. Immerhin verdankt sie ihrem Mann eine Europareise, während der sie sich von ihm absetzt, um auf Capri ihren Erstlingsroman THE ELEVENTH VIRGIN zu schreiben. Zurück in Amerika muss sie sich eingestehen, dass ihre Ehe ein Fehltritt war und schämt sich dafür. Trennung und Scheidung gehen schnell über die Bühne, und 1922 reist Dorothy nach Chicago, um die Beziehung zu Lionel Moise wiederaufzunehmen. Ein weiteres Jahr schrecklicher Abhängigkeit folgt. In guten Momenten diskutiert das Paar tiefgründige Literatur oder Entwürfe ihrer Artikel für LIBERATOR. Dorothy, die unter Lionels Untreue leidet, mietet sich im Slum von Chicago ein Zimmer in einer Frauenwohngemeinschaft. Mit Gelegenheitsjobs als Kassiererin, Verkäuferin oder Künstlermodell hält sie sich über Wasser und beobachtet, wie ihre katholischen Mitbewohnerinnen ihr Liebesleid vor Gott tragen und Halt im Glauben finden. Beeindruckt vom Reichtum der katholischen Rituale und der liebevollen Akzeptanz ihrer katholischen Wohnpartnerinnen, fühlt sich Dorothy zur Kirche der armen Einwanderer hingezogen. Über Mittag besucht sie nun die nahe Kathedrale. Sie fühlt sich getrieben, kann aber ihrer Sehnsucht keinen Namen geben.

Noch immer hofft sie, als linke Journalistin und Schriftstellerin ihren Lebensunterhalt verdienen zu können. Linke Gruppierungen werden in Amerika aber zunehmend als rote Gefahr wahrgenommen und mit allen Mitteln bekämpft. Obwohl Chicago ein besonders gefährlicher Ort für Linke ist, besucht Dorothy radikale Veranstaltungen und ihre marxistische Jugendfreundin Rayna. Doch als sie eine selbstmordgefährdete Freundin Lionels in ein IWW-Haus begleitet, werden die beiden bei einer polizeilichen Räumung wie Huren behandelt und abgeführt. Im Gefängnis muss Dorothy eine entwürdigende Leibesvisitation ertragen und wird mit Prostituierten eingekerkert. Obwohl sie als Neuling aufgenommen und beschützt wird, hinterlässt diese Inhaftierung tiefe Narben. Nach ihrer Freilassung setzt sich Lionel dafür ein, dass sie eine Anstellung bei der städtischen Nachrichtenagentur bekommt. Wieder unter Journalisten blüht Dorothy auf. Sie lernt den Kommunisten Samuel Putnam kennen, der ahnt, welche Sehnsucht sie quält. Er schenkt ihr Joris-Karl Huysmans Bücher EN ROUTE, THE OBLATE und THE CATHEDRAL, in denen dieser seine Rückkehr zur katholischen Kirche beschreibt. Die Lektüre vermittelt Dorothy das Gefühl, in dieser Kirche zuhause zu sein. Sie erhält von einer Mitbewohnerin ihren ersten Rosenkranz und besucht nun regelmässig die abendlichen Segnungsgottesdienste.

Im Herbst findet die schwierige Beziehung mit Lionel ein Ende. Dorothy wird nie schlecht über diesen Mann sprechen, für den sie, wie auch für Eugene O'Neill, lebenslang beten wird. Nach der Trennung reist Dorothy in Begleitung ihrer Schwester Della im Spätherbst 1923 nach New Orleans, um für den NEW ORLEANS ITEM eine Serie über Animiertänzerinnen zu schreiben. Die Journalistin Day schleust sich verdeckt als Tänzerin ein, berichtet von der Ausbeutung der Frauen in einem Milieu voller Korruption und Drogen und gesteht sich ihre eigne Alkoholabhängigkeit ein. Der Vater schickt Della Geld für eine Bahnreise nach New York, um sie dem schlechten Einfluss ihrer Schwester zu entziehen. Im April

1924 kehrt auch Dorothy in ihre Heimatstadt zurück, nimmt alte Freundschaften auf und knüpft neue. Während ihrer Arbeitssuche kann sie beim Literaturkritiker Malcolm Cowley und seiner Frau Peggy Baird unterkommen. Dorothys soeben publiziertes Buch THE ELEVENTH VIRGIN erhält schlechte Kritiken, der Verlag will deshalb Days nächste Novelle über eine Alkoholsüchtige nicht veröffentlichen. *Doch* Hollywood kauft die Filmrechte für ihren Erstlingsroman. Auf Anraten ihrer Freundin Peggy ersteht Dorothy mit dem Geld ein Strandhaus in Staten Island. Die kleine Eremitage wird ihr zum wichtigen Rückzugsort. Doch hier quält die lebenshungrige Frau auch die Sehnsucht nach einer erfüllten Liebesbeziehung und nach einem Kind.

6   Eine grosse Liebe und ein tiefes Leid

Für die Wintermonate mietet Dorothy eine mit Della geteilte Wohnung in New York. Sie bleibt im Kontakt mit den Cowleys und ihrem Kreis an Künstlerinnen und Literaten. Zu ihnen gehören der Schriftsteller Kenneth Burke und seine Frau Lily, mit der sich Dorothy schon 1919 befreundet hatte. Zu Besuch bei ihr trifft sie im Frühling 1925 deren Bruder Forster Batterham und verliebt sich Hals über Kopf in den englischstämmigen Biologen. Obwohl er als Einzelgänger gilt, nistet sich das Paar nach einer kurzen Zeit des Werbens in Dorothys Strandhäuschen ein. Forster zieht seine Liebste bei jedem Wetter aus dem Haus, lässt sie das Atmen in der frischen Meeresluft erfahren. Die Wunder der Schöpfung werden für die Städterin immer mehr zu göttlichen Spuren, und die Liebe zu Forster beflügelt ihre Liebe zu Gott.

Dorothys Artikel und ihr Teilzeitjob für einen Liegenschaftsverwalter ermöglichen ein bescheidenes Einkommen. Garten und Meer tragen zur Ernährung bei, und der kleine Ofen kann mit gesammeltem Schwemmholz geheizt werden. Wird es in den Wintermonaten zu kalt, mietet man eine günstige Unterkunft im nahen Dorf, die auch Platz bietet für Dorothys zwölfjährigen Bruder John, der den elterlichen Umzug nach Florida nicht mitmachen wollte. Dorothy schreibt wie besessen an Romanen, die nie publiziert werden, doch ihr unstetes Dasein bekommt einen Rhythmus. Eingebunden in den Kreislauf der Natur erlebt sie an Forsters Seite, wie das einfache Leben Körper und Seele nährt. Sie stimmt ein ins Lied der Armut, das sie im Buch DIE VIELFALT RELIGIÖSER ERFAH-

Abb. 4: Dorothy Day und Forster Batterham auf Staten Island

RUNG von William James entdeckt hat. Hier findet sie auch Erklärungen, weshalb Menschen sich nach Gebet und Gottesverehrung sehnen können. Sie lernt die spanischen Mystiker kennen und ist beeindruckt vom Lebenskonzept der Heiligen, die Materielles minimieren, um dem Innenleben Raum zu eröffnen. Forster, der unter der Woche in Manhattan arbeitet, diskutiert mit Dorothy gern Literatur und Zeitungsartikel, reagiert aber ärgerlich, sobald sie Transzendentes anspricht. Ihm ist die Natur heilig genug. Er misstraut Menschen und ihren Machwerken, zu denen er die Religion zählt. Dorothy ist froh, dass sie mit einem warmherzigen jüdisch-russischen Paar in der Nachbarschaft ihre religiösen Fragen besprechen kann. Hier findet sie auch Trost, wenn ihr Liebster vor sich hinbrütet und das Gesellschaftsleben seiner lebenslustigen Partnerin mit Argwohn beäugt. Forster zuliebe gibt die leidenschaftliche Tänzerin das Partyleben auf und reagiert mit depressiven Verstimmungen. Wenn das Paar im Meer um die Wette schwimmt, verfliegen die düsteren Gedanken. Dorothy schätzt Forsters Natürlichkeit und Vitalität und geniesst die Sexualität mit ihm. So nahe dem Himmel hat sie sich noch nie gefühlt.

Als Dorothy im Juni 1925 schwanger wird, ist sie zutiefst dankbar. Da sie befürchtete, die verpfuschte Abtreibung habe sie unfruchtbar gemacht, interpretiert sie die Schwangerschaft als göttliches Zeichen der Vergebung. Auf langen Strandspaziergängen beginnt sie zu beten. Forster, der sich vor Vaterpflichten scheut, teilt ihre Freude über das neue Leben nicht, auch belastet Dorothys Gottsuche die Beziehung zwischen den Liebenden zunehmend. Die werdende Mutter liest eine Biografie über Franziskus von Assisi, blättert oft im Neuen Testament und sehnt sich nach einer religiösen Gemeinschaft. Beobachtet sie, wie die einfache Bevölkerung zu Gottesdiensten in die katholische Kirche strömt, erinnert sie sich an die abschätzige Aussage ihres Vaters, nur Polizisten und Wäscherinnen seien katholisch. Aber Dorothy fühlt sich in dieser Kirche wohl. Sie trifft Schwester Aloysia, die eine Suppenküche für Obdachlose und illegale Asylanten auf Staten Island betreut. Sie bespricht mit ihr die Möglichkeit einer Taufe für ihr werdendes Kind, dem sie ein Leben in religiösem Niemandsland ersparen möchte. Von Geburt an soll es in einer Glaubensfamilie Beheimatung finden.

Als Dorothy im Herbst 1925 ihre Mutter in Florida besucht, schreibt sie Forster in langen Briefen, wie sehr sie ihn vermisse. Im Dezember reist sie nach New York, um in der Nähe einer Kirche, einer Klinik und ihrer Schwester zu sein, die sie zur Geburt begleitet. Als Tamar Teresa am 4. März 1926 zur Welt kommt, ist die junge Mutter so überwältigt, dass sie sich nicht vorstellen kann, wie sie die Intensität an Gefühlen ohne den Dank an Gott aushalten könnte. Ihr grosses Glück muss überfliessen in etwas, was die Welt übersteigt. Doch in die Freude ein neues Leben im Arm zu halten und sein zufriedenes Glucksen während des Trinkens an der Brust zu hören, mischt sich ein Tropfen Bitterkeit. Dorothy weiss, dass Forster einer Taufe Tamars ablehnend gegenübersteht. Trotzdem meldet sie im April 1926 die Taufe ihres Kindes an. Forster, der als Anarchist und Atheist religiöse Institutionen ablehnt, reagiert verärgert, als Schwester Aloysia dreimal wöchentlich ins Strandhaus kommt. Sie zeigt Dorothy, wie man einen ordentlichen Haushalt führt, und bringt ihr in sturen Katechismus-Lektionen die Lehre der katholischen Kirche bei. Als Dorothy gegen den Willen des Kindsvaters Tamar im Juli 1926 zur Taufe trägt, sammelt Forster noch Hummer für das Taufessen. Dann verlässt er Staten Island. Er hat Tamar liebgewonnen, doch seine Besuche werden immer mehr zu einer Tortur. Dorothy, die zur Kirche ihrer Tochter gehören möchte, leidet, weil ihr der Beitritt verwehrt wird, solange sie in wilder Ehe lebt. Und die Hinrichtung der anarchistischen Immigranten Nicola Sacco und Bartolomeo Vanzetti, für deren Freispruch sich beide eingesetzt hatten, stürzt Forster in tiefe Verzweiflung und Sprachlosigkeit. Die Situation ist so belastend, dass Dorothy krank wird und der Arzt ein nervlich bedingtes Leiden diagnostiziert. Nach einer heftigen Auseinandersetzung mit Forster meldet Dorothy ihre Taufe an. Als ihr Liebster wieder auf Besuch kommen möchte, öffnet sie ihm die Tür nicht, obwohl dieser harte Entschluss ihr beinahe das Herz bricht.

Noch bei der Taufe ihres Enkels Eric erinnert sich Dorothy an ihre inneren Kämpfe rund um ihren Eintritt in die katholische Kirche Ende Dezember 1927. Für ihre Liebe zu Gott gibt sie ihre menschliche Liebe auf. Weil ihre Zerrissenheit sie so quält, springt sie in den Glauben, steckt alle Fragen und Zweifel weg. Sie liebt Gott, weil sie ihn lieben will. Doch Glücksgefühle stellen sich bei ihrer Taufe nicht ein. Die als Jugendliche der episkopalen Kirche Beigetretene freut sich auch nicht an Beichte und Erstkommunion. Erst bei ihrer Firmung an Pfingsten 1928 empfindet sie Glaubensgewissheit und tiefen Frieden. Das Geschenk des Heiligen Geistes – am Tag ihres kirchlichen Lieblingsfestes – erlebt sie als einen der glücklichsten Momente in ihrem Leben. Im Buch THERESE beschreibt sie die Firmung als Sakrament der Liebe und die Gefirmte als Entflammte, die alle menschlichen Liebesbeziehungen aufgibt, um mit Gott leben zu können.

Als sie im Januar 1928 mit Tamar in eine armselige Wohnung nach New York zieht, liebt sie Forster noch immer innig und hofft auf eine Ehe mit ihm. Sie schreibt ihm, dass ihr vor Sehnsucht alles wehtue und versichert ihm, ihn nicht mit Religion zu belästigen, nur in die katholische Erziehung von Tamar müsse er einwilligen. Auch ihre religiösen Gefühle foltern sie; als Katholikin darf sie nicht in wilder Ehe leben. Und da sie nicht mehr für linke Zeitungen schreiben will, verdient sie als Gelegenheitsjournalistin für Gartenrevues, pazifistische und katholische Zeitschriften wenig. Abgeschnitten von ihrem kommunistischen Freundeskreis und als alleinerziehende Mutter isoliert, wird sie von Depressionen heimgesucht. Als sie im Sommer 1929 ihr Strandhaus vermietet und ihren Lebensunterhalt als Köchin in einem katholischen Seminar verdient, wird sie von einem einfühlsamen Priester begleitet, der ihre Zerrissenheit versteht und ihr gute theologische Lektüre ausleiht. Da auch Tamar mit den liebevollen Ordensleuten in Haus und Hof fröhliche Wochen verbringt, geht es Dorothy bald besser. Sie erlebt eine spirituell fruchtbare Zeit und beginnt, für die liberale und einflussreiche katholische Wochenzeitschrift COMMONWEAL zu schreiben. Ein gutes Angebot als Skriptschreiberin für PATHÉ MOTION PICTURES lockt sie im Herbst 1929 nach Hollywood, wo sie sich in der oberflächlichen Umgebung der Filmindustrie als Aussenseiterin erneut tödlich einsam fühlt.

Der Auftrag von COMMONWEAL für eine Reportage über die verfolgte Kirche in Mexiko befreit sie aus der misslichen Lage. Im schrottreifen Gebrauchtwagen fährt sie mit Tamar in den Süden. Eingemietet bei Mexikanern, lernt sie einen lebensfrohen Katholizismus kennen, über den sie herzerfrischend berichtet. Wegen Tamars Malariaerkrankung kehrt die besorgte Mutter zur besseren medikamentösen Behandlung jedoch im Mai 1930 nach New York zurück. Sobald Tamar gesund ist, flieht Dorothy wieder aus der Stadt, weil ihre Sehnsucht nach Forster übermächtig ist. Sie schreibt ihm regelmässig, verbringt den Sommer in ihrem Strandhaus und den Winter auf Florida bei ihrer Mutter, wo Forster sie besucht. Zum Vater, der meist unterwegs ist, an Pferderennen Geld verspielt und Prostituierte besucht, hat sie kaum noch Kontakt.

Als Dorothy im April 1932 in einer italienischen Umgebung in New York eine Wohnung findet und Tamar in den katholischen Kindergarten bringen kann, wird ihr Leben etwas erträglicher. Sie versucht, Beziehungen zu katholischen Verlagen aufzubauen, und bietet ihnen an, Heiligenbiografien zu schreiben. Im Herbst 1932 zieht ihr Bruder John mit seiner schwangeren Frau Teresa bei Dorothy ein. Das Zusammenleben mit sozial Gesinnten ist ihr eine Freude, doch über Religiöses kann Dorothy mit den beiden nicht sprechen. Trotz täglichen Messebesuchen fühlt sie sich heimatlos in der von ihr gewählten Glaubensgemeinschaft, die sich für gesellschaftliche Veränderungen nicht interessiert. Als regelmässige Bibelleserin fragt sie sich, ob die Botschaft Jesu in der katholischen Kirche in Vergessenheit geraten sei. Sie erlebt wenig Freude bei Gottesdienst und Gebet, befürchtet, selbstgerecht und bitter zu werden, und verliert beinahe den Glauben.

Aufgegeben hat sie die Hoffnung an eine Zukunft mit Forster, der nun eine Freundin hat, sich aber durchaus eine Affäre mit Dorothy vorstellen könnte. Besucht er Tamar, ist die Spannung zwischen den Eltern spürbar, aber auch die Anziehung. In ihrem letzten Brief an Forster vom 10.12.1932 schreibt sie in ungewohnter Klarheit, Sex ausserhalb der Ehe sei nun ein Tabu für sie. Sie möchte ihn noch immer heiraten, würde sogar das Rauchen und Trinken für ihn aufgeben. Aber sie werde ihn nicht mehr bedrängen. Zwanzig Jahre später wird sie dem um sie werbenden Ammon Hennacy schreiben, sie habe ihr Herz nur einmal verschenkt, und es dann Gott zurückgegeben.

7 Begegnung mit Peter Maurin (1877–1949)

Der New Yorker Börsenzusammenbruch vom 24.10.1929 hat Amerika in eine riesige Depression gestürzt. Ein Viertel der amerikanischen Erwerbsfähigen ist 1932 ohne Anstellung. Millionen wandern auf der Suche nach Arbeit, Nahrung und Unterkunft durch das Land. Sozialistische und kommunistische Gewerkschaften haben Zulauf, und Papst Pius XI. muss eingestehen, dass die Kirche die Arbeiterschaft der Welt verloren hat. Dorothy Day, die auf der Suche nach Gott und einer spirituellen Kommunität 1927 der katholischen Kirche beigetreten ist, kann nicht verstehen, weshalb die Kirche den Arbeiterkampf nicht unterstützt. Ende November 1932 begleitet sie als Journalistin für die katholischen Zeitschriften COMMONWEAL und AMERICA einen Protestmarsch der Arbeitslosen vom Union Square – dem linken Hotspot New Yorks – nach Washington. Sie hat den Eindruck, Christus sei als Kamerad mit den Hungernden unterwegs, und gerne würde sie mitprotestieren. Doch das solidarische Mitgehen in einem von Kommunisten organisierten Protest scheint der Konvertitin undenkbar. Als der Hungermarsch am 8. Dezember in Washington ankommt, greift die berittene Polizei brutal ein. Auch Dorothy werden durch den Knüppelschlag eines Polizisten zwei Rippen gebrochen. Trotzdem schreibt sie ihre Reportage fertig. Dann besucht sie die Krypta des Nationalheiligtums der Unbefleckten Empfängnis in Washington. Unter Tränen betet sie, Gott möge ihr einen Weg aufzeigen, wie sie Religiosität und Radikalität verbinden und ihre Talente zur Verbesserung der Lebenssituation der Armen einsetzen könne.

Abb. 5: Peter Maurin als Redner

Zurück in New York wartet ein Fremder in abgewetzter Kleidung auf ihr Kommen. Der Herausgeber von COMMONWEAL hat Peter Maurin, der sein Programm einer christlich-sozialen Weltrevolution publizieren möchte, zu Dorothy geschickt. Ihre Schwägerin, die dem Unbekannten die Tür öffnete, liess ihn in der Wärme warten. Nun überschüttet er die ankommende Dorothy mit einem Redeschwall. Als es ihr gelingt, Peter zu verabschieden, hat sie drei Punkte seines Programms verstanden: Er will in einer Zeitung seine Ideen verbreiten, Hospize für Obdachlose unter kirchlicher Leitung eröffnen und in Farmkommunen auf dem Land Handwerker und Intellektuelle miteinander versöhnen.

Mit Peter Maurin lernt Dorothy zum ersten Mal einen Menschen kennen, der katholisch und radikal ist. Sonst gleicht sich dieses Paar, das die katholische Kirche Amerikas verändern wird, kaum. Dorothy Day ist gross und blond, strömt Autorität aus und sieht auch in Secondhandkleidern immer gepflegt aus. Als alleinstehende Frau mit Tochter verkörpert sie ein modernes Frauenbild. Die Konvertitin hat einen städtischen, amerikanischen, protestantischen Hintergrund, kommt aus dem Mittelstand, besuchte die öffentlichen Schulen und hat ein heftiges Temperament. Politisiert durch sozialkritische Lektüre und den Kontakt mit künstlerischen und linksradikalen Menschen, unterstützt sie als investigative Journalistin den gewerkschaftlichen Kampf der urbanen Arbeiterschaft. Der 22 Jahre ältere Peter Maurin ist klein und dunkel und wirkt mit seinem schwerfälligen französischen Akzent und dem ungepflegten Äussern wie ein Vagant. Im traditionellen katholischen Milieu Frankreichs aufgewachsen und geschult, ist er stolz auf seine bäuerliche und dörfliche Herkunft. Wenn er nicht indoktriniert, hat er eine ruhige Art. Geprägt durch seine Herkunft und die Lektüre der französischen Frühsozialisten und Sozialutopisten schlägt er für die Lösung der sozialen Probleme die Rückkehr zu einer von Landwirtschaft und Handwerk geprägten mittelalterlichen Lebensform vor.

Trotz Gegensätzlichkeit finden zwei Menschen zueinander, die sich auf ideale Weise ergänzen. Beide haben die Vision einer besseren Welt, kennen die russischen Anarchisten, lesen Dostojewski und die Bibel und suchen nach Möglichkeiten, das Evangelium unter den Bedingungen der Moderne zu verkündigen und zu leben. Dorothy findet einen Instruktor, der sie einführt in eine katholische Lebensweise, die Spirituelles und Materielles miteinander verbindet und das geschichtlich bedingte Wachsen und Werden der katholischen Kirche berücksichtig. Peter Maurin gibt dem radikalen Denken Dorothys ein christliches Fundament.

Aristide Pierre Maurin wird 1877 als ältestes von 22 Kindern in eine alteingesessene südfranzösische Bauernfamilie hineingeboren. Er tritt mit 14 Jahren als Novize dem Orden der Christlichen Brüder bei, wo er zum Lehrer ausgebildet wird. Von 1898–1899 wird er in den Militärdienst gezwungen, unterrichtet danach einige Jahre und verlässt vor dem Ablegen der ewigen Gelübde den Orden, um der Gruppe um Marc Sangier beizutreten. Der von seinem Schülerkreis Evangelist Marc Genannte, der sich als Apostel Christi versteht, sympathisiert mit der russischen Revolution und ist dem pazifistischen Tolstoi verbunden. Er gründet die idealistische Kommunität Le Sillon, die Bürgertum und Arbeiterschaft, Kommunismus und Christentum miteinander versöhnen möchte. Die Mitglieder sind dezentral organisiert, arbeiten ohne Salär und kritisieren den bürgerlichen Geist in der katholischen Kirche. Wegen der Nähe zu sozialistischem Gedankengut wird Le Sillon von Rom verboten. Obwohl Peter die Gruppe vor der päpstlichen Verurteilung verlässt, prägen ihre Diskussionszirkel ihn für sein weiteres Leben. Im Slum von Paris vertieft Peter sein Wissen über kommunales Leben, distanziert sich aber von der Religion. Um nicht erneut eingezogen zu werden, arbeitet er ab 1909 als Bauer und Gelegenheitsjobber in Kanada und Amerika. Einige Jahre unterrichtet er in Chicago erfolgreich als Französischlehrer und führt ein mittelständisches, kirchenfernes Leben. Nach einem tiefgehenden religiösen Erlebnis 1925 lehnt er entlohnte Arbeit ab. Er übernimmt für Kost und Logis in einem katholischen Knabeninternat Arbeiten aller Art. Ein kleines Taschengeld ermöglicht ihm Ausflüge nach New York, wo er die öffentliche Bibliothek besucht und seine «Ein-Mann-Revolution» beginnt. Wie Franz von Assisi zieht er als Troubadour Gottes durch die Strassen und rezitiert seine Theorie in volksliedartig gereimten Texten, den EASY ESSAYS. In dieser eingängigen Kunstform wird Peter nicht müde, die Vision einer Gesellschaft anzupreisen, in der es Menschen einfacher fällt, gut zu sein. Eines seiner mündlich vorgetragenen Gedichte publiziert Day im CATHOLIC WORKER:

Das Dynamit anzünden[2]

Ein radikaler Schreiber
schrieb über die katholische Kirche
und sagte:
«Rom muss mehr tun
als ein Wartespiel zu spielen.
Rom muss etwas vom Dynamit
das in seiner Botschaft liegt
anzünden.»
Das Anzünden des Dynamits
in der Botschaft
ist der einzige Weg
um die Botschaft dynamisch zu machen.
Wenn die katholische Kirche
heute nicht die leitende
soziale, dynamische Kraft ist
hat dies mit katholischen Gelehrten zu tun
die verpassten
das Dynamit der Kirche zu zünden.
Katholische Gelehrte
nahmen das Dynamit
der Kirche

---

2 URL=http://www.easyessays.org; Übersetzung MB.

packten es ein
in nette Phrasen
legten es in einen hermetischen Behälter
und setzten sich auf den Deckel.
Es ist an der Zeit
den Deckel aufzusprengen
damit die katholische Kirche
wieder die dominante soziale
dynamische Kraft sein kann.

Peter, der mit so kraftvollen Worten Dorothy begeistert, findet in ihr eine aufmerksame Zuhörerin. In stundenlangen Sitzungen führt er sie in seine Gedankenwelt ein. Dorothy ist beeindruckt, dass ein Laie und Handwerker das Programm eines dynamischen, sozialen Christentums beschreibt, und Peter sieht schnell, dass seine Schülerin die richtige Person für die Umsetzung seiner Ideen ist. Verantwortlich für ihre solide Ausbildung und für das «Klären ihrer Gedanken», vermittelt er ihr die Lehre der Kirchenväter, einen Abriss der Kirchengeschichte mit Schwerpunkt Mittelalter und die Soziallehre der katholischen Kirche. Er betont die wichtigen Impulse für die Erneuerung der Kirche aus Frankreich, wo schon Ende des 19. Jahrhunderts Kleriker und Laien die Not der Arbeiterschaft sahen und christliche Alternativen zum Kapitalismus suchten.

Dorothys Zweifel, ob sie mit dem Beitritt zur katholischen Kirche die Armen verraten habe, schwinden. Peter Maurin vertritt die religiös-geistige Lebenshaltung, nach der sie gesucht hat, und ihn freut es, dass er mit seiner belesenen Schülerin die sozialutopischen Gedanken von Pierre-Joseph Proudhon, Karl Marx und Pjotr Kropotkin diskutieren kann. Seine Einführungen in europäische Denker wie Vincent McNabb, Eric Gill, Léon Bloy, Charles Péguy, Don Luigi Sturzo und Romano Guardini, Jacques Maritain erweitern Dorothys Horizont. Den Fortschrittsglauben und die Technologiegläubigkeit der bourgeoisen Gesellschaft stellt Peter infrage. Er lehnt Kommunismus und Kapitalismus als atheistische und materialistische Konzepte ab und plädiert für das dynamische Wachsen einer neuen Welt in der Schale der alten Welt.

Als **Anarchist** ist Peter machtkritisch. Institutionen, die Menschen zwingen, akzeptiert er nicht. Er plädiert für ein Gemeinschaftsleben, das sich an dörflichen Strukturen und am Zunftwesen des Mittelalters orientiert und dem Einzelnen möglichst viel Selbstbestimmung gewährt. Kritisch gegenüber Vorschriften, vertritt und lebt er die Devise, das zu verkörpern, was man von anderen erwartet.

Als **Personalist** übernimmt er die Ideen des französischen Philosophen Emmanuel Mounier, für den Menschen in kapitalistischer und kommunistischer Diktatur entfremdet leben. Mounier betont die Verantwortung jeder einzelnen Person, sich mit einer bewussten Lebenshaltung aktiv in das Weltgeschehen einzumischen. Personalisten suchen nicht Luxus und Komfort, sondern ihre Berufung. Sie bauen als Mit-Schaffende Gottes an einer Gemeinschaft, die sich am Gemeinwohl orientiert und in der Ewigkeit Vollendung findet.

Als **Distributionist** orientiert er sich an den Briten Hilaire Belloc und Gilbert Keith Chesterton, die eine dezentrale Verteilung von Grundbesitz und Produktionsmitteln befürworten und die Schaffung kleinräumiger Kommunitäten, in denen Eigentum geteilt und das Gemeinwohl gepflegt wird.

In Peter trifft Dorothy den ersten Katholiken, der sich dem Zeitgeist widersetzt, arm unter Armen lebt und in jedem Menschen Christus sieht. In seiner Herzenseinfalt wird er als heiliger Narr und Clochard wahrgenommen. Seine Belehrungen lösen in der katholischen Kirche Amerikas intellektuelle Auseinandersetzungen und Widerstand aus. Sein Programm ermöglicht Dorothy, ihre kommunistische Vergangenheit mit einem radikal gelebten Christentum zu versöhnen. Sie verteidigt den apostolischen Eifer ihres Mentors, der wie die Propheten Israels an einem neuen Himmel und einer neuen Erde schaffe, in der Gerechtigkeit herrsche, kritisiert aber seine mangelnde Körperpflege und eine chaotische Veranlagung, die das Zusammenleben erschweren.

8 Die Gründung der Zeitung
THE CATHOLIC WORKER (CW)

Die Liebe zum geschriebenen Wort begleitet Dorothy von Kindesbeinen an. Lesen beschreibt sie als Kraftstoff, der ihr Lebenslicht am Brennen hält und einem Freund zählt sie auf, was man lesen solle, um sie zu verstehen: SCHULD UND SÜHNE, DIE BRÜDER KARAMASOW und DIE BESESSENEN von Fjodor Dostojewski; ANNA KARENINA, KRIEG UND FRIEDEN, AUFERSTEHUNG UND VOLKSERZÄHLUNGEN von Leo Tolstoi; DAVID COPPERFIELD und LITTLE DORRIT von Charles Dickens, DAS TAGEBUCH EINES LANDPFARRERS von Georges Bernanos sowie die Werke von Graham Greene, François Mauriac und Ignazio Silone. Sie empfiehlt, den Tag mit einem guten Buch und der Bibel zu beginnen. Manchmal nimmt sie sogar ein Buch in die Kirche mit, da sie überzeugt ist, dass Gottes Liebe auch in der Literatur zu entdecken ist. Als Jugendliche übersetzt sie das Neue Testament aus dem griechischen Urtext, und nach einer bibelabstinenten Zeit liest sie regelmässig in der Heiligen Schrift. Die Konvertitin bleibt der ST. JAMES BIBLE treu, studiert aber auch Neuübersetzungen, jüdische Torakommentare und Literatur der theologischen Avantgarde. Sie möchte den Glauben denkend durchdringen und findet, eine wörtliche Auslegung werde der Heiligen Schrift nicht gerecht.

Lesen und schreiben sind für Dorothy wie ein- und ausatmen. Schon mit acht Jahren schreibt sie Fortsetzungsgeschichten, trägt Artikel zur Familienzeitung bei und führt ein Tagebuch. Da Vater und Brüder journalistisch tätig sind, ist Dorothy das Zeitungsgeschäft von Kindheit an vertraut. Und so muss Peter Maurin Doro-

Abb. 6: Zeitungskopf des CW

thy Day nicht lange davon überzeugen, Mitherausgeberin einer Zeitung zu werden, die die Soziallehre der katholischen Kirche unter die Leute bringen soll. Bei ihren Genossen hat sie gelernt, welchen Einfluss das gedruckte Wort hat und wie eine Zeitung gemacht wird. Neu ist ihr jedoch Peters Finanzierungsmethode durch Gebete. Damit legt er von Anfang an seinen idealistischen Standpunkt fest, der Dorothy die ganze praktische Arbeit aufbürdet. Als sie in ihrer Küche das erste Editorial schreibt, weiss sie noch nicht, dass sie ihre Berufung gefunden hat. Mit wenigen Spenden und viel eigenem Geld finanziert sie den Druck von 2500 Exemplaren einer achtseitigen Zeitung. Dorothy nennt das neue Blatt THE CATHOLIC WORKER, in Anlehnung an den kommunistischen THE DAILY WORKER. Peter ist nicht erfreut, dass Dorothy seinen Titel CATHOLIC RADICAL ablehnt und neben seinen Texten auch eigene Berichte beisteuert. Als er die Rohfassung der ersten Nummer sieht, verlässt er enttäuscht New York.

Als sich am 1. Mai Kommunisten und Sozialisten zur traditionellen Maidemonstration am Union Square treffen, mischt sich Dorothy mit drei katholischen Burschen unter die Menge, um die erste Ausgabe des CW zu verkaufen. Auf der Frontseite wird Jesus als Arbeiter dargestellt, der seine Compagnons und Compañeras umarmt und zum gemeinsamen Einsatz für ein gutes Leben für alle einlädt. Die Editorin Day publiziert neben Gedanken zur katholischen Soziallehre auch Berichte über Streiks, die Ausbeutung von schwarzen Arbeitern und Fabrikarbeiterinnen und über die Liturgiereform der katholischen Kirche. Aus ihrer Sicht sollten kirchliche Praxis und Verkündigung geprägt sein vom jesuanischen Lebenskonzept der Solidarität, des Machtverzichtes und der Geschwisterlichkeit. Mit dem CATHOLIC WORKER möchte sie Arbeitslosen und Arbeiterinnen aufzeigen, dass es möglich ist, Unrechtsverhältnisse anzuprangern, ohne die Religion abzuschaffen, wie es der Kommunismus propagiert. Im Editorial zur ersten Nummer schreibt sie:

«An unsere Leser: An jene, die im warmen Frühlingssonnenlicht auf Parkbänken sitzen. An jene, die versuchen, in einem Unterstand kauernd, dem Regen zu entkommen. An jene, die auf der vergeblichen Suche nach Arbeit die Strassen durchwandern. An jene, die denken, es gäbe keine Hoffnung für die Zukunft, keine Anerkennung ihrer Notlage – ist diese kleine Zeitung adressiert. Sie wurde gedruckt, um sie auf die Tatsache aufmerksam zu machen, dass die katholische Kirche ein soziales Programm hat – und um sie wissen zu lassen, dass es Männer Gottes gibt, die nicht nur für ihr spirituelles, sondern auch für ihr materielles Wohlergehen arbeiten.

Erfüllen eines Bedarfs: Es ist an der Zeit, dass eine katholische Zeitung für die Arbeitslosen gedruckt wird. Das Ziel der meisten radikalen Zeitungen ist die Konversion ihrer Leserschaft zum Radikalismus und zum Atheismus. Ist es unmöglich, sowohl radikal als auch nicht atheistisch zu sein? Ist es unmöglich, zu protestieren, zu entlarven, sich zu beschweren, Missstände aufzuzeigen und Reformen zu verlangen ohne den Wunsch, die Religion zu überwinden? Mit dem Versuch, die päpstlichen Sozialenzykliken und das kirchliche Programm einer ‹Rekonstruktion der sozialen Ordnung› bekannt und populär zu machen, wurde das neue Blatt THE CATHOLIC WORKER gestartet. Es ist noch ungewiss, ob es jeden Monat, alle zwei Wochen oder wöchentlich erscheinen wird, da dies allein abhängig ist vom gesammelten Geld für Druck und Vertrieb. Wer abonnieren oder spenden kann, ist gebeten, dies zu tun.

Die erste Nummer von THE CATHOLIC WORKER wurde geplant, geschrieben und herausgegeben in der Küche einer Wohnung in Fifteenth Street, in der Untergrundbahn und auf der Fähre. Es gibt kein Herausgeberbüro, keine Zutaten wie Telefon oder Elektrizität und keine bezahlten Löhne. Das Geld für den Druck der Erstausgabe kam durch das Zusammenbetteln kleiner Spenden von Freunden zusammen. Ein farbiger Priester in Newark sandte uns zehn Dollar und die Gebete seiner Gemeinde. Eine farbige Nonne in New Jersey, ebenfalls gekleidet in heiliger Armut, sandte uns einen Dollar. Ein weiterer freundlicher und grosszügiger Freund gab 25 Dollar. Den Rest haben die Herausgeber ihrem eigenen Einkommen abgepresst, mit dem die Rechnungen für Milch, Gas und Elektrizität hätten beglichen werden sollen. Indem die Nutzniesser eine spätere Zahlung akzeptierten, förderten sie unbekannterweise die Sache der sozialen Gerechtigkeit. Sie waren eine Zeit lang unwissentliche Kooperatoren. Vielleicht wird uns nächsten Monat ein Büro gespendet. Wer weiss?

Es ist aufmunternd, daran zu erinnern, dass Jesus Christus auf dieser Erde wanderte ohne einen Platz, um sich niederzulegen. Die Füchse haben Höhlen und die Vögel des Himmels ihre Nester, aber der Menschensohn hat keinen Platz, um seinen Kopf hinzulegen. Und wenn wir unsere Nachtflugexistenz bedenken, unsere Unsicherheit, erinnern wir uns freudvoll, dass auch die Apostel am Seeufer das Abendessen einnahmen und beim Wandern durch die Weizenfelder Ähren für ihr einfaches Mahl pflückten.»

Doch da die katholische Kirche unter den am Union Square Versammelten einen schlechten Ruf hat, ist die Lancierung des ersten CATHOLIC WORKER am 1. Mai 1933 ein schwieriges Unterfangen. Dorothy und die jugendlichen Verkäufer werden ausgelacht und beschimpft. Sie können nur einige Zeitungen verkaufen; den Rest verteilen sie im Schriftenstand von Pfarreien. Aus dem Kreis dieser Leserschaft gibt es jedoch begeisterte Zustimmung; Spenden und Sammelbestellungen von Pfarrgemeinden ermöglichen die Herausgabe einer zweiten Nummer. Als Peter wieder auftaucht, kann ihm Dorothy für den Grund seines Wegbleibens nur den Satz entlocken «Männer schlagen vor, Frauen entsorgen.» Im CW Juni-Juli 1933 räumt sie ihm Platz für die Veröffentlichung seiner Programmpunkte zur Umsetzung eines utopischen, christlichen Kommunismus ein: 1. Häuser der Gastfreundschaft zur Förderung des Gemeinschaftslebens; 2. Gespräche am runden Tisch zur Klärung der Gedanken; 3. Landwirtschaftliche Universitäten zur Verbindung von Handwerk und Geistesarbeit.

Die Mischung aus gewerkschaftsfreundlichen und katholischen Themen im CATHOLIC WORKER scheint zu greifen. Der Verkaufspreis von einem Penny ist eine geniale Werbestrategie und ein Protestzeichen gegen kapitalistische Methoden. Die Rückmeldungen sind so ermutigend, dass der CW Dezember 1933 in einer Auflage von 100 000 Exemplaren erscheint. Die katholische Presse Amerikas erhält eine zeitgemässe Publikation, die sogar in Afrika und Indien sehnsüchtig erwartet wird. Hochwertige Holzschnitte der jungen Künstlerin Ade Bethune und Bilder des renommierten Holzschneiders Fritz Eichenberg veranschaulichen die CW-Philosophie. Die Themenvielfalt der Artikel ist gross. Bespricht Dorothy Schriften fortschrittlicher Theologen aus Europa, setzt sie dem Gedankengut als Amerikanerin ihren eigenen Stempel auf. Sie sorgt dafür, dass vor allem weibliche und männliche Laien zu Wort kommen. Als Thomas Cornell für eine Ausgabe einmal drei komplizierte Artikel von Priestern vorschlägt, faucht sie ihn wütend an, THE CATHOLIC WORKER sei eine Zeitung von Laien.

Der CW zeichnet sich durch eine geerdete Spiritualität aus. Das Herz der Zeitung ist Dorothys monatliche Kolumne DAY AFTER DAY, die ab 1946 ON PILGRIMAGE heisst. Darin greift sie aktuelle Fragen auf und berichtet witzig und tiefgründig von dem was sie liest, denkt, erlebt. Ihre Kolumne mischt Eindrücke aus der weiten Welt mit dem häuslichen Leben und zeigt auf, dass das Persönliche politisch ist. Um den Hoffnungscharakter des Christentums aufscheinen zu lassen, hat Freudvolles in jeder Kolumne Platz. Als geübte Journalistin hackt Day ihre Artikel oft in einem Zug in die Schreibmaschine. Fehlt das Geld für die nächste Ausgabe, beruhigt sie das Umfeld mit der Versicherung, wenn Gott wolle, dass die Zeitung erscheine, werde er dafür sorgen. Doch eine Spende des Fabrikbarons John D. Rockefeller, der Streikende im Ludlow Massaker in den Tod trieb, würde sie nicht annehmen. Löst ihre Kritik an ausbeuterischen Fabrikherren und luxusverwöhnten Katholikinnen heftige Reaktionen aus, kontert sie gelassen, schon die Kirchenväter Johannes Chrysostomos und Papst Gregor der Grosse hätten Geldgier als Raub an den Armen verurteilt. Wird sie gefragt, wie die offizielle Kirche zur Zeitung stehe, erklärt sie, ein Laienblatt brauche keine Druckerlaubnis der Kirche und der Kardinal aus New York schätze das gute Werk. Wenn ihr zu viel Verständnis für Schwarze und Unterprivilegierte vorgeworfen wird, hat sie den Eindruck, ihren Job richtig zu machen; die Aussage eines Jesuiten, sie arbeite als Agitatorin, verbucht sie als Kompliment. Dorothy möchte mit dem CATHOLIC WORKER vor allem die verbitterte katholische Bevölkerung erreichen, die von Klerikern keine frommen Sprüche mehr hören will, achtet jedoch darauf, dass in Artikeln Bischöfe und Priester nicht angegriffen werden. Als konservative Katholiken sich dennoch über den CW beschweren, erhält die Zeitung 1937 einen Zensor. Dorothy ist dankbar, dass der fortschrittliche Pater Joseph McSorley diese Aufgabe übernimmt. In dogmatischen Fragen lässt sie sich gerne von Klerikern beraten und korrigieren. Ihren Standpunkt in sozialen Angelegenheiten vertritt sie hingegen selbstsicher, indem sie aufzeigt, dass der CATHOLIC WORKER eine Auflage von 65 000 (März 1935), 100 000 (Juli 1935), 150 000 (1936) Exemplaren habe und die Leserschaft ihre Haltung unterstütze.

Dorothy, die lange davon träumte, Schriftstellerin zu werden, hat mit der Gründung des CATHOLIC WORKER hat keine Musse mehr für das Romanschreiben. Sie ist beschäftigt mit dem Verfassen von Editorials und Artikeln, mit dem Beantworten von Fanpost, kritischen Anfragen und dem Verdanken von Spenden. Sie schreibt oft mehrere Stunden am Tag Briefe und Postkarten, findet aber 1938 dennoch Zeit, ihre Bekehrungsgeschichte FROM UNION SQUARE TO ROME auf Papier zu bannen. Über den von den Herausgebern gewählten Buchtitel ist sie unglücklich, da sie auch als Katholikin dem linken Freundeskreis, bei dem sie das Handwerk des Journalismus kennenlernte, verbunden bleibt.

Über 47 Jahre trägt THE CATHOLIC WORKER Dorothy Days Handschrift. Sie beschreibt sich einmal als religiöse, radikale Frau und Schreibende, deren Waffe die Feder sei. Da sie im CW Menschen zu direkten Aktionen bewegen möchte, erstaunt es nicht, dass ihre Texte Begeisterung und Ablehnung auslösen. Unbestritten ist, dass sie ihr Schreibhandwerk souverän beherrscht und der Berufsbezeichnung Journalistin im Pass gerecht wird. Dorothy schreibt eine Frohbotschaft für die Moderne und verpackt Theologisches in anrührende Geschichten, die Thomas Merton mit den *Fioretti*, den Legenden über das Leben von Franz von Assisi, vergleicht, weil sie franziskanische Spiritualität atmen. Aus Dorothys Sicht ist das Geschichtenerzählen ein explizierter Auftrag des Wanderpredigers von Nazaret. In seiner Spur erzählt sie Lehr-, Hoffnungs- und Wundergeschichten voller Mitmenschlichkeit, und sie berichtet von einem Leben, in dem Gott überall und immer da ist und doch Geheimnis bleibt. THE CATHOLIC WORKER wird zum Forum für ein radikales Christentum, das der christlichen Linken eine Stimme gibt und Tausende inspiriert, ihre Häuser und Herzen Gott und seinen Gesandten zu öffnen.

9 Häuser der Gastfreundschaft zur Förderung des Gemeinschaftslebens

Als Folge der Depression gibt es 1933 in New York Zehntausende Obdachlose. Da für Dorothy eine Nachfolge Jesu nur in Solidarität mit den Armen und Ausgegrenzten glaubhaft ist, kann sie sich nicht mit einem Sonntagschristentum zufriedengeben. In LOAVES AND FISHES schreibt sie:

> «In dieser Welt gibt es kein bequemes Leben für Christgläubige.»

In der zweiten Nummer des CATHOLIC WORKER Juni–Juli 1933 publiziert sie Peters Vorschlag für Häuser der Gastfreundschaft, die nach frühchristlichem Vorbild in jeder Diözese entstehen sollen. Ein Konzilsbeschluss von Karthago verpflichtete 436 jeden Bischof zum Unterhalt einer Herberge, in der Gäste als Botschafter Gottes empfangen werden sollen. Peter bedauert, dass diese frühe Hospiztradition im Christentum vergessen ging und nur noch in muslimischen Ländern gepflegt werde. Doch Dorothy möchte in sozialen Fragen nicht auf die Unterstützung der Bischöfe warten. Organisationskritisch und laienbetont ist sie der Auffassung, dass jeder Mann und jede Frau ein Christuszimmer einrichten könne. Im CW Dezember 1945 schreibt sie einen Artikel mit dem Titel RAUM FÜR CHRISTUS, der hier stark gekürzt wiedergegeben wird:

> «Es ist nutzlos zu bedauern, dass wir 2000 Jahre zu spät auf die Welt gekommen sind, um Christus Herberge zu geben. Christus ist immer mit uns, immer fragt er, ob wir Platz für ihn haben in unseren Herzen. Doch

heute fragt er mit der Stimme unserer Mitmenschen nach realem Schutzraum. Er schaut uns mit den Augen von Kriegsversehrten und Kindern an. Die müden Füsse von Soldaten und Obdachlosen sind seine Füsse. Das Herz all derer, die sich nach einem Unterschlupf sehnen, ist sein Herz.

Im frühen Christentum gab es den Brauch, ein Zimmer im Haus für einen Gast freizuhalten. Klopften Notdürftige an, behandelte man sie als Alter-Christus. Ich behaupte nicht, dass es einfach ist, sich daran zu erinnern, dass uns in jedem Menschen Christus begegnet. Fremde erscheinen ohne besondere Merkmale und tragen keinen Heiligenschein. Wäre Maria sternenbekrönt, von Sonne und Mond begleitet in Betlehem erschienen, hätten die Menschen sich gestritten, wer sie beherbergen darf. Doch das war weder Gottes Weg für Maria damals – noch Christi Weg heute, wenn er verkleidet in menschlicher Art die Erde betritt. Es ist gut, sich zu fragen, wie behandle ich Menschen, die bei mir anklopfen?

Unser ganzes Dasein, fast all unser Glück und Leid ist beeinflusst durch Beziehungen. Wie viel einfacher würde unser Leben, wenn wir in allen Begegnungen Christus sehen könnten: Er ist es, dessen löchrige Socken wir stopfen, mit dem wir lachen, für den wir kochen, neben dem wir arbeiten. Natürlich gibt es die Lehre vom mystischen Leib Christi oder der Gemeinschaft der Heiligen, doch viel einfacher ist es, wenn wir uns an Christi Worten orientieren: Jesus machte den Himmel abhängig von unserem Verhalten gegenüber gewöhnlichen Menschen auf Erden. ‹Gabt ihr mir zu essen und zu trinken, als ich hungrig und durstig war? Gabt ihr mir einen Unterschlupf, als ich fremd und heimatlos war? Gabt ihr mir Kleider, als ich nur Lumpen trug? Habt ihr mich besucht, als ich krank war, Probleme hatte, im Gefängnis steckte?›

Es geht nicht darum, den Himmel zu verdienen, eine Pflicht zu erfüllen: Es ist ein Privileg, Christus zu dienen. Die Hirten hüpften förmlich zur Krippe, die Magier suchten sich trotz Hindernissen den Weg zum Gotteskind, die Schwiegermutter von Petrus sprang auf vom Krankenbett, und Marta hätte am liebsten 10 Hühner für Jesus geschlachtet. Auch heute können wir mit dieser begeisterten Gastfreundschaft Fremde beherbergen. Sie sind Christus, der Ausschau hält nach einem Raum – genauso wie er es tat am ersten Weihnachtsfest!»

Abb. 7: Erstes Haus der Gastfreundschaft an der Mott Street

Das erste Haus der Gastfreundschaft entsteht als Reaktion auf das im CATHOLIC WORKER vorgestellte Programm eines anziehenden sozialen Katholizismus. Bald sitzen Menschen aus allen Schichten und Rassen in Dorothys Küche, die auch Redaktionsbüro ist. Kommen die einen mit der Bitte um Nahrung und Behausung, eilen

9 Häuser der Gastfreundschaft

Abb. 8: Brotlinie an der Mott Street

andere herbei, um Dorothy zu unterstützen. Sie hat die Begabung, in Verlumpten und Idealisten das Beste zu wecken, erspürt, was jeder und jede braucht. Die einen ermuntert sie zum tatkräftigen Zupacken, anderen gibt sie einen Büchertipp, eine warme Decke, ein Paar frische Socken, und immer respektiert sie die einzigartige Persönlichkeit jedes Menschen.

Im CW März 1934 berichtet sie von ihrem internationalen Haushalt, den sie mit Tamar, einem Türken, einem Franzosen, einem Iren, einem polnischen Juden und dem litauischen Jüngling Stanley Vishnewski teile. Wie zu IWW-Zeiten stehe auf dem Herd ein Topf mit Gemüsesuppe, den Besuchende nach Möglichkeit füllen und nach Bedarf leeren. Dorothys Wohnung wird – nach dem Wegzug ihres Bruders mit Frau und Kind – zum Vorbild für Zentren geschwisterlichen Zusammenlebens, und sie spürt, dass sich ihr langersehnter Wunsch nach einer spirituellen Kommunität zu verwirklichen beginnt. Doch sie sorgt sich, ob sie ihrer Tochter dieses Leben zumuten kann. Als auch unter dem Lavabo ein Obdachloser schläft, mietet sie mit Gottvertrauen den leer stehenden Coiffeursalon im Erdgeschoss dazu und bittet die Leserschaft des CATHOLIC WORKER um Geld, Betten und Decken. Im Winter 1934/35 zieht Dorothy mit ihrer ungewöhnlichen Wohngemeinschaft in ein mehrstöckiges heruntergekommenes Gebäude nach 144 Charles Street. Ihr ist klar, dass dieses gewagte Unterfangen nur mit himmlischer Hilfe gedeihen kann. Sie stellt das Werk unter den Schutz und Schirm Marias und setzt Josef zum Patron und Finanzverwalter ein: Mangelt es an Geld, um Stromrechnungen, Druckkosten und Nahrungsmittel zu bezahlen, wird unter die Josefstatue eine Petition gelegt, und betende Streikposten bestürmen rund um die Uhr den himmlischen Fürsprecher, der sie nie enttäuscht.

Im St.-Joseph-Haus kann Dorothy das Redaktionsbüro des CATHOLIC WORKER im Erdgeschoss einrichten, in den oberen Etagen wohnen die Obdachlosen, und zuoberst haben Mutter und Tochter etwas Raum für sich. Im Juli 1935 sind es gegen 50 Personen, die Dorothy mit Hilfe von Freiwilligen in New York und auf

Staten Island durchbringt. Dabei orientiert sie sich an Peters Ideen und an der Lebensart der ersten Christgläubigen, deren Erkennungszeichen die gegenseitige Hilfe und Liebe war. Sie vertraut darauf, dass Nahrung sich mehrt, wenn man sie teilt. Hat es wenig Suppe, schöpft sie besonders grosszügig. Bildet sich eine 60 Meter lange Schlange Hungriger, erlebt sie es als Wunder, dass die Nahrung reicht. Sie achtet auf genug und guten Kaffee, kennt aber auch den Durst, den viele mit Alkohol zu stillen versuchen. Da Dorothy als Tochter eines Alkoholikers und kräftige Trinkerin in jungen Jahren um das Elend der Alkoholsucht weiss, werden im Hospiz keine Spirituosen ausgeschenkt. Aber Obdachlose und Freiwillige können sich mit geschenkten Textilien und Schuhen eindecken. Die stilsichere Dorothy trägt zeitlebens zweckmässige und schöne Secondhandkleider und plädiert für ökologisch und fair produzierte Kleidung, die den Herstellenden ermöglicht, sich selber anständig zu kleiden.

Die Arbeit im ersten Haus der Gastfreundschaft verbindet die Liebe zu Gott und die Liebe zum Nächsten miteinander. Diese radikale (wörtlich: gewurzelte) Spiritualität gibt der Herberge von Anfang an eine Wärme und Farbigkeit, die aussergewöhnliche Menschen als Gäste und Gastgebende anzieht. Schnell spricht es sich herum, dass Obdachlose begrüsst, bedient und mit Würde behandelt werden. Der Ansturm ist riesig. Oft werden bis zu 1000 Menschen morgens und mittags mit Brot, Kaffee und Suppe verpflegt. Bedürftige, die von staatlichen und religiösen Auffangstellen her an zusätzliche Kontrolle oder Missionierung gewohnt sind, staunen, dass sie weder einen Ausweis zeigen müssen noch zum Gebet gedrängt werden. Nur ein Kreuz an der Wand verdeutlicht die christliche Verankerung des Hauses.

Das St.-Joseph-Haus wird zu einem Refugium für Traumatisierte, die mit dem Leben nicht klarkommen und in staatlichen Institutionen abgewiesen werden. Weitaus schwieriger als das Nähren der Hungrigen erweist sich die Betreuung derer, die im Hospiz wohnen. Um Hilfswilligen klaren Wein einzuschenken, erklärt Dorothy einmal, die meisten Randständigen seien nicht süsse, alte Männer, sondern Satansbraten! Das Zusammenleben mit zutiefst verletzten Menschen ist eine permanente Herausforderung und oft eine Überforderung. Trotzdem verweigert Dorothy jegliche Selektion, da ihr die Gäste Gottesboten sind. Das Leiden an und mit Zerrütteten ist für sie eine Einübung in Geduld und Liebe. In diesem Sinn beschreibt sie die Häuser der Gastfreundschaft als eine politische, soziale, spirituelle Schule des friedfertigen Zusammenlebens. Entwenden Obdachlose jedoch ihre Lieblingsbücher, die Schreibmaschine oder das Spinnrad ihrer Tochter, bricht auch sie nicht in Jubel aus. Und Dorothys Bittbriefe an Freundinnen um stärkende Gebete, damit sie nicht zusammenbreche, verdeutlichen die Belastung. Dennoch gibt sie die Hoffnung nie auf, dass in den Boten Gottes durch Gebet und liebevolle Zuwendung tief Verschüttetes aufbrechen kann.

Um im St.-Joseph-Haus ein ganzheitliches Dasein zu ermöglichen, integriert Dorothy auch den religiösen Aspekt. Sie führt 1934 ein regelmässiges Abendgebet ein. Da dies gewissen Gläubigen als klösterliche Tradition gilt, wird Dorothy bei der Erzdiözese angeschwärzt. Man wirft ihr den Vollzug «theatralischer Gebete» vor; die Anklage verläuft aber im Sand. Dorothy erwartet nur von Freiwilligen, dass sie bei Hausgebeten Kraft für ihre Arbeit tanken, doch oft finden sich Obdachlose zum Rosenkranz ein, sei es auch nur, um das rhythmische Beten schnarchend zu begleiten.

1936 zieht die Gemeinschaft in ein schäbiges Haus nach 115 Mott Street, das über 14 Jahre zum wichtigen Stützpunkt für den CATHOLIC WORKER wird. Dorothy liebt den Ausdruck «revolutionärer Hauptsitz» für dieses Hospiz, da er junge Menschen anziehe. Die Vorstellung eines familiären Zusammenlebens, wie sie es in der italienischen Nachbarschaft erlebt, gefällt ihr ebenfalls, und sie schreibt liebevoll über das Haus, das in «Little Italy» liegt. Ihre Tochter Tamar berichtet hingegen von schwer zu ertragenden hygienischen Bedingungen mit Ratten, Läusen und Wanzen, wenig Toiletten, einer schlechten Heizung und primitiven Kücheneinrichtungen. Da sich die Obdachlosen kaum waschen, stinkt es oft fürchterlich. Mutter und Tochter leiden darunter, duschen in öffentlichen Badehäusern oder bei Freunden. Dorothy schreibt einmal in einer Kolumne, den Geruch von Schweiss, Blut und Tränen könne man nicht nur auf dem Schlachtfeld, sondern auch in einem Haus der Gastfreundschaft erfahren. Doch dafür erhalte man keine Medaillen! Umso erstaunlicher ist es, dass sich idealistische Freiwillige einfinden, die um den Lohn von Armenkost und Obdachlosenlogis diese neue Lebensform mittragen.

Als im Dezember 1938 das Gesundheitsdepartement von New York die mangelnde Hygiene kritisiert, zählt Dorothy in ihrer Antwort auf, dass im Haus täglich mehr als 1000 Menschen, um die sich der Staat nicht kümmere, ein Morgenessen erhalten. Auch seien Heimatvertriebenen in den letzten drei Jahren 49 275 Übernachtungen und 131 400 Mittagessen ermöglicht worden. Da dieser Einsatz nur mit Freiwilligenarbeit und Spenden geleistet werde, fehle leider das Geld für Investitionen, doch die Auflagen des Gesundheitsdepartementes würden zur Schliessung des Hauses führen. Dorothys Brief zeigt Wirkung. Nachdem die Toiletten mit Warmwasser ausgestattet sind, kehrt Ruhe ein.

Nach der Publikation von Dorothys Buch HOUSE OF HOSPITALITY, indem sie spezielle Gäste und couragierte Freiwillige aus Charles Street und Mott Street beschreibt, breiten sich in ganz Amerika Häuser der Gastfreundschaft aus. Ein Heer von Freiwilligen organisiert billigen Wohnraum und günstige Lebensmittel, kümmert sich um Gäste, kocht, betet und putzt gemeinsam. Die Häuser funktionieren als unabhängige Kooperativen, die untereinander und mit dem Mutterhaus in New York locker verbunden sind. Obdachlose und Freiwillige teilen das Zusammenleben und die Hausarbeit. Da Mithilfe vielen Randständigen schwerfällt, antwortet Dorothy auf eine Anfrage, was beim Eröffnen eines Hospizes beachtet werden sollte, ernüchternd: Das wichtigste sei, Misserfolge und Leiden von Beginn an miteinzurechnen. Eine gut gegründete Spiritualität sei unabdingbar, um in freiwilliger Armut mit den Ausgegrenzten der Gesellschaft zusammenleben zu können.

Ab September 1950 ist das St.-Joseph-Haus in einem fünfstöckigen Gebäude mit Ölheizung und mehreren Badezimmern mit warmem Wasser an 221 Chrystie Street untergebracht. Es hat Platz für einen grossen Speisesaal, ein Redaktionsbüro, einen Raum für Gemeinschaftsgebete und Freitagsgespräche und mehrere Schlafräume. Aber die Umgebung ist nicht mehr so tolerant wie in «Little Italy». Mit der Verbürgerlichung der Gesellschaft wird die Armut marginalisiert, und die städtischen Auflagen und hygienischen Kontrollen werden noch strenger. Dorothy erlebt den modernen Staat als Biest, das überall herumschnüffelt. Mit Vehemenz äussert sie sich gegen ein ängstliches Sicherheitsdenken, das irrsinnige Luxusstandards wie Feuerleitern verlangt. Als die Gesundheitspolizei verschliessbare Abfalleimer und die Erneuerung der sanitären Anlagen erzwingt, vermutet Dorothy, man wolle Abfall und Armut gleichermassen unter dem Deckel behalten.

Die 1950er-Jahre bringen Amerika Wohlstand. Wer sich aber nicht aus der Armut hocharbeiten kann, gilt als faul. Da sich Dorothy weiterhin für einen genügsamen Lebensstil starkmacht, wird sie in einer Zeit des Wirtschaftsaufschwungs als Kommunistin, Landesverräterin oder altmodische Katholikin belächelt. Nachdem im Oktober 1955 ein Betrunkener einen Brand im Hospiz ausgelöst hat und Dorothy als unverantwortliche Hauseigentümerin gebüsst wird, droht die Schliessung des Hauses. Der Poet Wystan Hugh Auden zahlt die Busse von 250 US-Dollar, und ein Artikel in der NEW YORK TIMES löst eine Spendenwelle aus, die nicht nur den Einbau von Brandschutzmassnahmen ermöglicht, sondern Dorothy zur nationalen Ikone macht. Aber es gibt weiterhin Leute, die dem personalistischen Prinzip der Catholic Worker kritisch gegenüberstehen und nach mehr Staat rufen, weil ein Mensch allein die Welt nicht verändern könne. Dorothy reagiert auf solche Aussagen gereizt. Für sie kann eine bessere Welt nur Schritt für Schritt wachsen, mit Menschen, die im gegenwärtigen Augenblick Verantwortung für ihr Handeln übernehmen und alles andere getrost Gott überlassen. Mit dem Verweis auf das Evangelium der wundersamen Brotvermehrung schreibt sie im Buch LOAVES AND FISHES von ihrer Hoffnung, dass jede direkte Aktion, jede liebevolle Tat von Gott angenommen, verwandelt und vervielfältigt werde.

Für den Bau einer Untergrundbahn erzwingt die Stadt New York im Dezember 1958 die Aufgabe des Hauses an 221 Chrystie Street. Vorübergehend kommen die Heimatlosen in verschiedenen Lokalitäten unter, bevor sie im August 1961 ins enge Haus an 175 Chrystie Street umziehen können. Als die Stadt neben dem Kaufpreis auch den durch die Teuerung entstandenen Mehrwert des Hauses von 3579.39 US-Dollar ausbezahlt, schickt Dorothy dieses Geld zurück. In einem offenen Brief schreibt sie, als Kritikerin des Kapitalismus orientiere sie sich an den frühen Kirchenvätern, die Geld, das nicht mit körperlicher Arbeit erwirtschaftet wurde, ablehnten. Das zurückerstattete Geld solle aber dem Gemeinwohl dienen und dürfe nicht für die Finanzierung von Richtern, Politikern, Gefängnissen und Hinrichtungsstätten verwendet werden. Da die Häuser der Gastfreundschaft immer kurz vor dem finanziellen Ruin stehen, finden einige Mitarbeitende Dorothys Vorgehen eigenartig; ältere Freiwillige haben sich schon lange mit kauzigen Aktionen der Matriarchin abgefunden. Mit Jim Forest, Tom Cornell und Chris Kearns kommen junge, tatkräftige Männer ins Hospiz, die Dorothys ethische Haltung bewundern und unterstützen. Im Juli 1968 zügelt das Hospiz nach 36 East First Street, wo es bis heute obdachlose Männer beherbergt.

10 Die Catholic-Worker-Bewegung entsteht

Für Dorothy steht fest, dass Menschen nicht zum Alleinsein gemacht sind. Das Gefühl für die Einheit der Arbeiterschaft lernt sie durch linke Literatur und in radikalen Gruppierungen kennen. Von Peter, der den Kommunismus als Antwort auf das Vergessen der Gemeinwohlorientierung im Christentum deutet, übernimmt sie die Vision einer christlichen Gemeinschaft, in der Fromme und Tüchtige, Mühselige und Beladene ein friedfertiges, genügsames und freudiges Leben führen können. Ihr personalistischer Ansatz geht davon aus, dass die Person und der Weltfriede nur durch Begegnungen in der Gemeinschaft wachsen kann. Im CW April 1954 schreibt sie: «Wir sind eine Welt, und alle Menschen sind unsere Brüder.» Heute würde sie die Schwestern wohl ebenfalls nennen.

Dorothy will mit der Herausgabe des CATHOLIC WORKER keine Bewegung gründen, sondern in Solidarität mit den Randständigen auf Jesu Spuren liebevolles Handeln, kämpferisches Sprechen und engagiertes Schreiben miteinander verbinden. Ganz im Sinne von Peter Maurin löst das Publizieren, Verteilen und Lesen der Zeitung die Basisbewegung der Catholic Worker aus. Sie entsteht so organisch, dass Peter nicht von einer Organisation, sondern von einem Organismus spricht. Im CW Juni 1954 schildert Dorothy den liebevollen Exzentriker Peter als eigentlichen Gründer; er habe die Ideen geliefert und die Umsetzung der Bergpredigt und der Werke der Barmherzigkeit gelehrt und gelebt. Sie habe als tatkräftige Frau und Haushälterin der Bewegung Peters Theorien nur umman-

Abb. 9: John Cort mit zwei Catholic-Worker-Mitstreiterinnen (links), Julia Porcelli und Stanley Vishnewski (rechts)

telt und verständlich gemacht, da sie als linke Journalistin erfahren habe, dass Menschen sich nicht durch Ideen, sondern nur durch Schicksale berühren lassen. Viele Catholic Worker finden jedoch, Dorothy überzeichne Peters Rolle, da sich die Bewegung ausgehend von ihrem Haushalt in New York, den sie als eine Gemeinschaft beschreibt, die das Brot mit Geschwistern aller Rassen, Farben und Glaubensrichtungen teilt, entwickelt. Aus der Leserschaft des CATHOLIC WORKER erwächst ein Freiwilligenteam, das die Herausgeberin unterstützt und zur Kaderschmiede für Schriftsteller und Journalistinnen wird. So wohnen u. a. Michael Harrington, Patrick Jordan, Robert Ellsberg, Rosalie Riegle Troester über Monate oder sogar Jahre am Entstehungsort des CATHOLIC WORKER. Die vielseitig einsetzbare Zeitungscrew schreibt, kocht, verkauft Zeitungen, betreut Obdachlose und lässt den arbeitsamen Tag beim gemeinsamen Singen des Abendlobes ausklingen. Menschen mit einem Sinn für gemeinschaftlich gelebte Spiritualität finden in einem Haus der Gastfreundschaft eine Verschmelzung von glaubensstarker Theologie mit politischer Fortschrittlichkeit. Die Verbindung von Gottesdienst und tätiger Nächstenliebe ist das Markenzeichen der katholischen Arbeiterbewegung, verdeutlicht deren religiöse Verwurzelung und schafft einen neuen Zweig im amerikanischen Katholizismus.

Dorothy Day unterstreicht den Dienst an den Armen mit einem Aufschrei für Recht und Gerechtigkeit. Ihr gesellschaftskritisches Engagement ist oft verbunden ist mit Aktionen an der Grenze zur Legalität. Eine solche Bewegung wirkt attraktiv auf Menschen, die mit Haut und Haar die Welt verbessern wollen. Von Peter hat Dorothy gelernt, dass es neben dem Sonntagschristentum des aufstrebenden, sich anpassenden amerikanischen Mittelstandes und der tröstenden Frömmigkeitspraxis der Immigranten eine katholische Lehre gibt, die Herrschaftsverhältnisse kritisch hinterfragt und die Vision des Reiches Gottes nie aufgegeben hat. Ihr journalistisches Geschick, ihr amerikanischer, radikaler Hintergrund und ihre Tatkraft ermöglichen die Um- und Übersetzung von Peters Theorien. In den Gründungsjahren lebt die Gemeinschaft wie eine verschworene Bande, die vom FBI als subversives Element in Staat und Kirche überwacht wird. Als Hausmutter ist Dorothy in New York die zentrale Figur der Bewegung. Sie schenkt dem verrückten Haufen von Menschen Stabilität und Sicherheit, wird gefürchtet, geachtet, geliebt.

Die Catholic Worker wachsen als Graswurzelbewegung von unten, und Dorothy wehrt sich gegen institutionelle Vorgaben und Festschreibungen. Sie schätzt eine Gemeinschaftsform, bei der alle selbstverantwortet und in Freiheit einen Beitrag zum Gemeinwohl leisten und beschreibt gelingendes Zusammenleben im CW Oktober 1950 mit einem Zitat aus dem Johannesevangelium: «Deshalb, meine Kinder, lasst uns einander lieben: nicht mit leeren Worten, sondern mit tatkräftiger Liebe und in aller Aufrichtigkeit.» (Joh 3,18) Diese idealistische Vorstellung wird kritisiert und belächelt, denn am belastenden Zusammenleben mit Randständigen in heruntergekommenen Häusern zerbrechen Ehen, und Kinder entwickeln psychische Störungen. Dennoch macht die Gründergeneration der Bewegung wunderbare Erfahrungen und wünscht, ihre Kinder und Enkelinnen könnten ähnliches erleben.

In den Gründungsjahren sind die Mitglieder der katholischen Arbeiterbewegung meist gut ausgebildete Gläubige mit Migrationshintergrund und einem grossen sozialen Gewissen. Deren Eltern, die alles darangesetzt haben, der Armut zu entwachsen, sind selten begeistert, wenn sich ihr Nachwuchs der Bewegung anschliesst. Dorothy ist zwar froh um treue Mitglieder, die über längere Zeiten Verantwortung übernehmen, doch sie versteht den Aufenthalt in einem Hospiz als Schule, die man nach einiger Zeit verlässt, um das Erfahrene und Erlernte in die Welt zu tragen. Sind es zuerst junge Männer wie der Polizist Big Dan oder der Richtersohn Bill Callahan, die der Bewegung beitreten, kommen bald auch junge Frauen wie Julia Porcelli und Agnes Bird ins St.-Joseph-Haus, um Hilfe anzubieten. Dorothy sorgt sich anfänglich um das Wohl der weiblichen Freiwilligen im harten, männerdominierten Umfeld. Doch spätestens während des Zweiten Weltkriegs erfährt sie, dass es oft Frauen sind, die die Bewegung mit Talent und Durchhaltewillen am Leben erhalten.

Da Catholic Worker gleichberechtigt miteinander arbeiten und Dorothy über Jahrzehnte die Bewegung zusammenhält, bedenkt sie die Genderfrage kaum und übernimmt als Katholikin ein Konzept, das Männern und Frauen unterschiedliche Rollen und Aufgaben zuteilt. Ihr Lebensstil entspricht diesen Vorgaben jedoch nicht, denn für katholische Laiinnen ist die Arbeit für eine Zeitung und in einer Suppenküche ein revolutionärer Akt. Dorothy ermutigt junge Secondas, die den Drang nach Unabhängigkeit und sozialer Gerechtigkeit mit ihrem Glauben und dem modernen Leben verbinden möchten, ihre Berufung als Christin in der Welt zu entdecken. Nicht geplant ist, dass die katholische Arbeiterbewegung zum Heiratsmarkt wird. Doch mit der Zeit leiten oft Ehepaare, die sich bei den Catholic Worker kennengelernt haben, ein Haus der Gastfreundschaft. An Mott Street kann sich Dorothy über Jahre auf die zuverlässige Arbeit von Joe Zarella und seiner Frau Mary Alice Lautner verlassen; die beiden werden auch zu wichtigen Bezugspersonen für Tamar. Dorothy freut sich, wenn sich Paare finden, doch in ihrer Antwort an Donald Powell, der von seiner baldigen Heirat berichtet, schwingt Wehmut mit. Im September 1938 schreibt sie ihm, eine Partnerschaft könne einem dem Himmel nahebringen; sie wünschte, Gott hätte seinen Finger nicht auf sie gerichtet.

Dorothy weiss aber auch, dass eine Ehe mit Forster ihre erweiterte Familie der Catholic-Worker-Bewegung verhindert hätte. Sie übt als spirituelle Mutter grossen Einfluss aus, pflegt intensive Freundschaften und unterstützt Menschen, ihren je eigenen Weg zu finden. Frauen ermutigt sie zu Karriere und Mutterschaft. Alleinstehenden Müttern hilft sie, Arbeit und Kinderbetreuung zu verbinden. Suchende finden durch Dorothy zum Glauben und entdecken, dass die Kirche mehr als eine Institution ist. Zu ihrem Freundeskreis gehören auch homosexuelle Menschen, die eine tragende Rolle bei den Catholic Worker spielen. Judith Palache Gregory, die ihre sexuelle Orientierung nie thematisiert, organisiert ab 1959 über Jahre die Tätigkeiten im St.-Joseph-Haus, beim CATHOLIC WORKER und auf der Farm. Robert Steed hingegen verlässt als einer der besten Herausgeber die Bewegung, weil er seine Homosexualität nicht mehr verbergen will. Lästern Mitarbeitende über gleichgeschlechtlich Liebende, weist Dorothy sie scharf zurecht, da sie um ihre gesellschaftliche und kirchliche Ächtung weiss. Sie hat zwar Mühe mit deren sexuellen Orientierung, ist aber nicht bereit, den Stab über die vielen engagierten Homosexuellen in der Bewegung zu brechen. Ob Dorothy wusste, dass Tamars Mann David vor seiner Ehe einen Mann liebte und wohl daran zerbrach, dass er den Konventionen zu entsprechen versuchte? Einzig gegenüber Mitarbeitenden, die nach einer gescheiterten Ehe wieder heiraten, pflegt sie lange einen kirchenkonformen, unbarmherzigen Umgang. Dass sie sich im Alter bei diesen Menschen entschuldigen kann, steht im Zusammenhang mit Leiderfahrungen ihrer Tochter, hat aber auch mit ihren Weiterbildungen zu tun. Die im nächsten Kapitel beschriebenen Abendvorträge im St.-Joseph-Haus tragen zur Klärung der Gedanken bei, schärfen das Profil der Catholic-Worker-Bewegung und stärken deren Zusammenhalt.

11 Gespräche am runden Tisch zur Klärung der Gedanken

Der Franzose Peter Maurin macht Dorothy Day mit der philosophischen, sozialkritischen und literarischen Bewegung der Katholischen Erneuerung bekannt. Durch Gespräche am runden Tisch möchte er zur intellektuellen Beschäftigung mit diesen Ideen anregen. Im kleinen Garten von Mott Street und bei Abendveranstaltungen treffen sich Menschen aus allen Schichten, Ethnien und religiösen Gruppierungen, um mit Peters dreifachem Zugang, Probleme der Moderne zu besprechen. Er weist die Gebiete *Kult* (als Ausdruck des menschlichen Geistes in der Liturgie) und *Kultur* (als Gestaltung des gesellschaftlichen und institutionellen Lebens) den Gelehrten und die *Kultivation* (die Art und Weise wie Handwerk gepflegt und Land genutzt wird) den Arbeitern zu. Sein Ziel ist es, einen Austausch unter Arbeiterinnen, Handwerkern und Intellektuellen in Gang zu bringen. Für einen ersten Anlass reserviert er einen Saal. Da nur 15 Leute kommen, werden spätere Treffen in Häusern der Gastfreundschaft abgehalten.

Neben Peter halten auch Professoren aus katholischen Universitäten Vorträge zur Neugestaltung der Gesellschaft. Um den einflussreichen Soziologen Pater Paul Hanly Furfey scharen sich die jungen katholischen Aktivisten. Auch Pater John La Farge, die führende Stimme in Fragen der Rassengleichheit, der englischen Politiker und Poet Hilaire Belloc und der französische Philosoph Jacques Maritain finden Anklang. John Cort hält Vorträge über die päpstlichen Sozialenzykliken. Die ökumenisch ausgerichteten Gesprächsrunden mit Pater Virgil Michel über Liturgie

Abb. 10: Ade Bethune, Dorothy Day, Dorothy Weston, Jacques Maritain, Peter Maurin (1934)

und Bibel werden zu Keimzellen religiös motivierter Friedensgruppen. Da kontroverse Meinungen zur Klärung der Gedanken willkommen sind, wird auch der Sozialreformer und Vertreter des New Deal Pater John Ryan zu Abendveranstaltungen eingeladen. Die anregenden Diskussionen geben der linken Seite des Katholizismus Aufwind. Doch da Katholiken Diskurse zu gesellschaftlichen Themen und ein ökumenisches Klima aus ihrer Pfarrei kaum kennen, gibt es auch kritische Stimmen. So vermutet ein frommer Ire, in eine kommunistische Veranstaltung geraten zu sein, weil er während eines ganzen Abends das Wort Gott oder Gottesmutter nie hörte.

Als 1940/41 europäische Flüchtlinge nach Amerika kommen, besuchen Sigrid Undset, Hannah Arendt und Hélène Iswolsky Veranstaltungen im St.-Joseph-Haus. Vor allem Iswolsky, die als Diplomatentochter in Paris freiwillig die Armut wählte, eröffnet neue

Denkräume und wird für Dorothy zur wichtigen Gesprächspartnerin. Bei Abendveranstaltungen gibt sie Kurse über russische Dichtung und führt den Poeten und Gelehrten Wladimir Solowjow und sein Buch THE MEANING OF LOVE ein. Während dem Vietnamkrieg wird in den Abendrunden vor allem über den Pazifismus diskutiert. Der Jesuit Daniel Berrigan, der schon 1940 mit seinen Studierenden die Gespräche am runden Tisch besuchte, findet hier auch in den 1970er-Jahren noch immer anregenden Gesprächsstoff. Der Beatnik Allen Ginsberg hält hie und da eine Lesung, und der Soziologe Gordon Zahn, der als erster das Leben und Sterben von Franz Jägerstätter aufarbeitet, zeigt seinen Film über den österreichischen Bauern, der trotz kirchlichem Druck Hitler seine Gefolgschaft aus Gewissensgründen verweigerte und seinen Glaubensmut mit dem Leben bezahlte.[3]

Bei aller Freude für Belehrung und Gespräche am runden Tisch ist Peter und Dorothy klar, dass Taten aussagekräftiger sind als Worte und Menschen vor allem durch die Werke der Barmherzigkeit für die Kirche gewonnen werden können. Dennoch möchte ich im Folgenden einige Themen der Abendveranstaltungen genauer beschreiben und den Ausführungen den gekürzten Artikel ZIELE UND ZWECKE voranstellen, den Dorothy Day für den CW Februar 1940 schrieb:

«Wegen unserer Leserschaft, wegen der Männer an unserer Brotlinie, wegen der Angestellten und Arbeitslosen, der organisierten und nicht organisierten Arbeiter und auch wegen uns selber müssen wir immer und immer wieder unsere Ziele und Zwecke wiederholen. Zusammen mit den Werken der Barmherzigkeit, dem Nähren, Kleiden und Beherbergen unserer Geschwister, müssen wir indoktrinieren. Wir müssen ‹Zeugnis ablegen für den Glauben, der uns trägt›. Ansonsten sind wir zerstreute Glieder am Leib Christi und nicht ‹Glieder füreinander›. Ansonsten ist unsere Religion ein Opium für uns allein, für unseren Komfort, unsere

---

3 Der lange als Landesverräter geächtete Jägerstätter wurde 2007 seliggesprochen.

individuelle Sicherheit oder für unsere gleichgültigen Gewohnheiten. […] Wenn wir aufhören zu indoktrinieren, verlieren wir die Vision. Und wenn wir die Vision verlieren, sind wir nur noch Philanthropen, die Beruhigungsmittel verteilen.

Und das ist die Vision: Wir arbeiten ‹für einen neuen Himmel und eine neue Erde, wo Gerechtigkeit wohnt.› Wir versuchen durch Aktionen auszudrücken: ‹Dein Reich komme auf Erden, wie es ist im Himmel.› Wir arbeiten für eine christliche Sozialordnung. Wir glauben an die Geschwisterlichkeit der Menschen und an die Vaterschaft Gottes. Diese Lehre, die Doktrin des mystischen Leibes Christi, beinhaltet heute den Bereich der Gewerkschaften (wo Männer sich Brüder nennen); es beinhaltet die Rassenfrage, es beinhaltet Kooperativen, Genossenschaftsbanken, Häuser der Gastfreundschaft und Landwirtschaftskommunen. Mit all diesen Möglichkeiten können wir so leben, wie wenn wir wirklich daran glaubten, dass alle einander Mitglieder sind und wissen, ‹wenn ein Mitglied leidet, ist die Gesundheit des ganzen Körpers vermindert.›

Unsere Arbeit hin zu einem neuen Himmel und einer neuen Erde zeigt eine Beziehung zwischen dem materiellen und spirituellen und anerkennt den Vorrang der Spiritualität. Nahrung für den Körper reicht nicht. Es muss auch Nahrung für die Seele geben. Deshalb gehen die Führer des Werkes, und so viele, wie wir dazu bringen können, täglich zur Messe, um Nahrung für die Seele zu erhalten. Und wenn unsere Wahrnehmung geschärft und unser Glaube durch das Gebet vermehrt ist, werden wir Christus in den anderen sehen und den Glauben an die Menschen um uns herum, trotz deren stolpernden Fortschritten, nicht verlieren. Es ist einfacher zu glauben, Gott unterstütze die Hospize und die Farmen und sorge für Nahrung und Geld, als einen starken, herzlichen, lebendigen Glauben in jedes Individuum um uns herum zu haben, Christus in ihm zu sehen. Wenn wir jedoch den Glauben verlieren, das Werk der Indoktrination beenden, dann verleugnen wir auf eine Art Christus wieder.

Wir müssen die Gegenwart Gottes üben. Er sagte, wenn zwei oder drei zusammenstehen, sei Er mitten unter ihnen. Er ist mit uns in unseren Küchen, an unseren Tischen, bei unserer Essensausgabe, mit unseren Gästen, auf unserer Farm. Wenn wir für unsere materiellen Bedürfnisse beten, sind wir seiner Menschlichkeit nahe. Auch Er brauchte Nahrung und Schutz. Auch Er wärmte seine Hände am Feuer und legte sich im Boot zum Schlafen hin.

Wenn wir während der Mahlzeiten spirituelle Lesungen halten, am Abend den Rosenkranz beten, Studiengruppen und Foren haben, wenn wir an Treffen und an der Strassenecke Literatur verkaufen, ist Christus mit uns. Wir können nur wenig tun. Doch es ist wie mit dem kleinen Knaben und den paar Broten und Fischen. Christus nahm das Wenige und vermehrte es. Er wird auch bei uns das Übrige tun. Manchmal kommt es uns vor, wir würden zu wenig tun, ständig versagen. Doch auch Er versagte. So zumindest wurde Jesu Tod am Kreuz von der Öffentlichkeit wahrgenommen. Doch solange die Saat nicht in die Erde fällt und stirbt, gibt es keine Ernte. Und warum müssen wir Resultate sehen? Unsere Aufgabe ist das Säen. Eine andere Generation wird die Ernte einfahren.

Wenn wir in dieser Art schreiben, schreiben wir nicht nur für unsere Arbeitsgefährten in 30 anderen Häusern und für andere Gruppen katholischer Arbeiter, die sich in Diskussionsgruppen treffen, sondern für die ganze Leserschaft unserer Zeitung. Wir halten uns an das Motto der Nationalen Union des Seewesens: Jedes Mitglied ist ein Organisator mit persönlicher Verantwortung. Du kannst dich engagieren, wenn du auf einem Frachter herumgammelst, in einer Fabrik, in einem Hafen, auf einer Tankstelle arbeitest. Du bist nicht abhängig von einer Organisation, in der du dich einschreiben musst […] Wir sprechen auch nicht von Massenaktionen oder Interessengruppen, die mit einem gefährlichen Potenzial für Gutes und Böses Druck machen. Wir wenden uns an jeden individuellen Leser des CATHOLIC WORKER.

Die Arbeit wächst mit jedem Monat, die Auflage steigt, Briefe erreichen uns aus der ganzen Welt, Artikel über die Bewegung werden in vielen Ländern geschrieben. Staatsmänner beobachten unser Werk, Wissenschaftler studieren es, Arbeiter fühlen sich angezogen, und die Bedürftigen kommen in Scharen zu uns und bleiben, um zu partizipieren. Es ist eine neue Lebensart. Aber obwohl wir zahlenmässig wachsen, weit entfernte Ecken der Erde erreichen, hängt das Werk grundsätzlich von jedem Einzelnen von uns ab, von unserem Lebensstil und von den kleinen Taten, die wir ausüben.

‹Wo sind die anderen?›, wird Gott fragen. Lasst uns Ihn nicht in denen verneinen, die um uns sind. Auch hier, gerade jetzt, können wir die neue Erde haben, in der Gerechtigkeit wohnt!»

Kirchenbilder

Dorothys Eintritt in die katholische Kirche ist ein Wagnis, das sie bis zum Ende ihres Lebens bedenkt. Es ist für sie wie ein Sprung von einer Welt in eine andere. Der Anarchistin ist bewusst, dass die Zugehörigkeit zu einer institutionalisierten Glaubensgemeinschaft das Risiko von Unfreiheit und Bevormundung mit sich bringt. Dennoch ist es unmöglich Dorothy zu verstehen, ohne ihre grosse Liebe für die Kirche zu sehen, von der sie in vielfältigen Beziehungsbildern spricht und von der sie weiss, dass sie immer der Reform bedarf.

Bei ihrer Konversion hofft Dorothy auf eine Gemeinschaft, mit der sie zusammen auf den Spuren Jesu unterwegs sein kann. Aus ihrer Sicht kann echte Gemeinschaft nur entstehen, wenn Menschen sich gleichberechtigt begegnen, Selbstverantwortung übernehmen und ihrem Bedürfnis nach Dominanz oder Unterwerfung widerstehen. Sie erlebt aber eine katholische Kirche, die gerade dabei ist, sich mit dem amerikanischen Establishment zu arrangieren. Dorothy, puritanisch geprägt und dem uramerikanischen Prinzip der Freiheit verpflichtet, ärgert sich darüber. Da christliches Leben von Beginn an im Kontrast zur Mehrheitskultur stand, bewundert sie Mennoniten und Quäker, die diese Ursprünglichkeit bewahrt haben und wie die Urchristen unbeirrt ihren eigenen Weg in einer materialistischen Umgebung gehen. Antibourgeois bis ins Mark lebt auch Dorothy als Nonkonformistin. Im CW Juli–August 1943 schreibt sie:

> «Die Welt steht in Opposition zu Christus, der sagt, liebe deine Feinde, tu Gutes denen, die dich hassen. […] Wenn wir das praktizieren, sagen uns die Menschen, wir seien verrückt. Das ist in Ordnung, dann sind wir Ver-

rückte für Christus. Dann lassen uns die Leute vielleicht allein. Und verliebte Menschen sind sowieso lieber allein.»

Dorothy geht davon aus, dass die Reform der Kirche von unten mit einer Revolution des Herzens beginnt und Getaufte in aktive Gläubige verwandelt, die sich an Christus und seiner Reich-Gottes-Botschaft orientieren. Den Einsatz von Religion zum Erreichen eines persönlichen Glücks kritisiert sie ebenso wie die Verehrung des Staates. Im CW Juni 1956 schreibt sie:

«Wenn es etwas gibt, was purer Atheismus ist, dann ist es der Versuch, Gott und Staat gleichzusetzen und Gott für Eigeninteressen zu nutzen.»

Indem Dorothy eine traditionelle katholische Frömmigkeit mit dem amerikanischen Erbe der persönlich verantworteten Gewissensfreiheit verbindet, gibt sie Antwort auf die damals aktuelle Frage, wie es möglich ist, zugleich katholisch und amerikanisch zu sein. Das Amerika des Aufstiegs erinnert sie an den Gemeinschaftscharakter der Kirche und legt mit der katholischen Arbeiterbewegung den Grundstein für einen Linksrutsch in der katholischen Kirche Amerikas. Sie lehnt aber jegliche Polarisierung ab und schlägt vor, innerkirchliche Spannungen zwischen Konservativen und Progressiven als Reibungsenergie zu sehen, die in Diskussionsrunden konstruktiv genutzt werden soll. Modern, amerikanisch und radikal in ihrer Lebensgestaltung, vertritt sie im Umgang mit Glaubensinhalten und Ritualen eine konservativ-katholische und mystische Haltung.

Als linke Journalistin hat sich Dorothy intensiv mit den Ideen von Sozialismus, Syndikalismus, Kommunismus und Anarchismus beschäftig und dadurch den Slogan der Arbeitergewerkschaft IWW schätzen gelernt: «Die Verletzung eines Einzelnen ist die Verwundung aller.» Nach ihrer Konversion ergänzt sie die politischen Vorstellungen eines solidarischen Zusammenlebens mit religiösen Bildern. Sie beschreibt die katholische *Kirche als Familie*, an der sie besonders leidet, wenn Kleriker und Gläubige über Migranten und Arbeitslose lästern. Sie vermutet, dass die Arbeiterschaft die Kirche verlässt, weil ihre Not nicht gesehen wird, weiss aber auch, dass familiäres Zusammenleben besonders herausfordernd ist. Wie befremdlich diese Vorstellung von Kirche auf die damalige Zeit wirkt, zeigt die Reaktion eines Psychiaters, der Dorothy, die eine Obdachlose in die Klinik begleitet, nach ihrem Verwandtschaftsgrad befragt. Als sie ihm erklärt, die Unbekannte sei nach christlicher Lehre ihre Schwester, fragt der Arzt mit strengem Blick, ob sie wisse, dass religiöse Wahnvorstellungen besonders gefährlich seien!

Zum wichtigsten Leitbild wird Dorothy das Bild der *Kirche als geheimnisvoller Leib Christi* (1 Kor 12,12–13): «Wir sind Glieder am selben Leib, wenn ein Glied leidet, ist die Gesundheit des ganzen Leibes geschwächt.» Dorothy vermisst bitterlich die Umsetzung dieser Lehre unter den katholischen Gläubigen und schämt sich für gutgenährte Glaubensgeschwister, die nach dem Sonntagsgottesdienst achtlos an ausgehungerten Arbeitslosen vorbeigehen. Sie lebt mit der Spannung, dass der mystische Leib Christi durch seine Glieder ständig verletzt, gequält, verraten wird. Für sie muss die Lehre einer in Christus geeinten Glaubensgemeinschaft, deren Mitglieder enger verbunden sind als Blutsgeschwister, soziale Implikationen haben. Bei Abendveranstaltungen wird über die konkrete Umsetzung dieser Glaubenslehre diskutiert, und Dorothy erinnert in vielen Artikeln, dass eine Verehrung Christi den Dienst am Nächsten bedingt. Die Lehre vom mystischen Leib Christi legitimiert Dorothys Handeln theologisch und wird zu einem Hoffnungsbild, das das Gemeinschaftsgefühl der wachsenden katholischen Arbeiterbewegung stärkt. Im CW Februar 1940 schreibt sie:

> «Wir glauben an die Geschwisterlichkeit der Menschen und an die Vaterschaft Gottes. Diese Lehre, die Doktrin des geheimnisvollen Leibes Christi, beinhaltet heute die Frage der Gewerkschaften, in der alle Männer sich Brüder nennen; es beinhaltet die Rassenfrage, Kooperativen, Genossenschaftsbanken, Kunsthandwerk; es beinhaltet Häuser der Gastfreundschaft und Farmkommunen. Mit all diesen Mitteln können wir ein

> geschwisterliches Miteinander leben, das glaubhaft ausdrückt, dass wir uns als aufeinander Angewiesene verstehen, die wissen, dass das Leiden eines Mitglieds das Wohlbefinden der ganzen Gemeinschaft schmälert.»

Dass Dorothy während des Zweiten Weltkriegs vor allem von Brüdern schreibt, ist dem Zeitgeist geschuldet, hat aber auch damit zu tun, dass Soldaten in ihrer Ausbildung Hassgefühle gegen den Feind eingedrillt werden und sie das Töten des Gegners üben müssen. Für Dorothy ist beides nicht mit der christlichen Lehre zu vereinbaren. Sie schreibt im CW Januar 1976:

> «Bei Gott gibt es keine Zeit, wir sind alle eins, ein Körper – Chinesen, Russen, Vietnamesen – und Er hat uns befohlen, einander zu lieben.»

Diese Aussagen einer Katholikin, die keinerlei Sympathie für nationalistisches Gedankengut hat, lösen in Amerika Protest aus. Einmal mehr wird Dorothy vorgeworfen, sie sympathisiere zu sehr mit den Kommunisten.

Noch ungewöhnlicher ist ihre Vorstellung, dass die katholische Kirche keine exklusive Heilsgemeinschaft ist, sondern dass alle Menschen zur von Gott geschaffenen und durch Christus erlösten Menschheitsfamilie gehören und damit Geschwister sind. Im Juli 1935 erklärt Dorothy Day in einem geharnischten Brief an die New Yorker Polizei, die bei der Bestreikung des Deutschen Schiffes Bremen Protestierende brutal zusammenschlug, dass jeder Mensch ein Sakrament sei, ein sichtbares Zeichen, das ein Fragment von Gott enthalte. Das gelte auch für Kommunisten. In den folgenden Jahrzehnten schreibt sie über potenzielle Glieder am geheimnisvollen Leib Christi und nennt – je nach Bedrohungslage und aktuellem Feindbild – Namen von Menschen oder Menschengruppen, von denen nur Gott wisse, ob sie zum mystischen Leib gehören. Im CW Mai 1936 zählt sie neben den Kommunisten auch deren Verfolger und die Kapitalisten und Faschisten auf; im CW Januar 1970 erwähnt sie Ho Chi Minh als mögliches Glied am Mystischen Leib Christi. Im Glauben an diese geheimnisvolle Körperschaft gründet

Dorothys pazifistische Haltung und sie hofft, dass ein vertieftes Wissen um diese Lehre Gewaltfreiheit und freiwillige Armut organisch wachsen lasse. Catholic Worker beschreiben, dass ihnen durch diese Lehre verständlich wurde, wie jedes Gebet und jede Tat das Wohlergehen der ganzen Kirche beeinflussen, Gequälten Kraft und Unterdrückern Einsicht schenken könne.

Weil es bei Gott keine Zeit gibt, gehören für Dorothy Randständige und Menschen guten Willens immer schon zum leidgeprüften und verherrlichten mystischen Leib Christi. Im CW Januar 1939 schreibt sie:

> «Wir glauben, dass alle Menschen Mitglieder oder potenzielle Mitglieder des geheimnisvollen Leibes Christi sind. Das heisst Juden, Heiden, Schwarze und Weisse. Das heisst unsere Feinde wie unsere Freunde. […] Wir müssen das Böse mit dem Guten, den Hass mit Liebe überwinden.»

Da Dorothy höchste Sensibilität auf dem Gebiet der Mission attestiert wird und der Sprung in den Glauben für sie ein freiwillig vollzogener Akt sein muss, kann ihr nicht vorgeworfen werden, die Vorstellung von potenziellen Gliedern am geheimnisvollen Leibe Christi zwinge Menschen in die Kirche. Ihr Nachdenken über das Heil ist immer mit der Hoffnung auf ein gutes Leben für alle in Zeit und Ewigkeit verbunden. Die Frage Kains nach dem Brudermord «Bin ich denn meines Bruders Hüter?» beantwortet sie mit einem klaren Ja!

Liturgie als Gemeinschaftsgeschehen

In Abendveranstaltungen wird darüber diskutiert, wie das Gemeinschaftsgefühl in der Kirche wachsen könnte. Die an Liturgie interessierte Laiin kommt durch Virgil Michel (1890–1938) äusserst früh in Kontakt mit der liturgischen Erneuerungsbewegung, deren Anliegen die tätige Teilnahme der Gläubigen am Gottesdienst in der Muttersprache ist. Pater Virgil kritisiert eine von der Lebenswelt abgetrennte und klerikal dominierte Liturgie und setzt sich dafür ein, dass die im Gottesdienst erfahrene egalitäre Gemeinschaft (Kommunion) im Alltag der Gemeinschaft (*Communio*) weiterlebt. Er hofft, dass ein neues Gefühl fürs Gemeinwohl am wirkungsvollsten im Einklang mit einer Liturgiereform zu bewerkstelligen sei und eine an den christlichen Ursprüngen angelehnte Kultur der Gerechtigkeit fördern werde. Da dem Pionier der Liturgischen Bewegung Laien als spiritueller Sauerteig wichtig sind, unterstützt er die katholische Arbeiterbewegung von Anfang an und hält Vorträge im St.-Joseph-Haus. Dorothy bespricht im CATHOLIC WORKER seine Schriften, doch als sie im CW September 1962 einen eigenen Artikel zur Liturgiereform verfasst, wird sie von Klerikern und Laien aufgefordert, bei ihren Leisten zu bleiben und über Soziales zu schreiben. Dorothy befolgt diese Vorgaben nicht und regt in Artikeln und bei Abendveranstaltungen weiterhin zum Nachdenken über die Liturgie an. Gottesdienst und Gebet sind ihr so notwendig wie der Atem; ein Ausstrecken nach Gott unerlässlich wie körperliche Ertüchtigung. Das Leben im Slum kann sie nur betend durchstehen, den Rosenkranz trägt sie als Rettungsanker immer mit. Sie hält an traditionellen Gebetsformen fest, als diese aus der Mode kommen. Catholic Worker beschreiben Dorothy als grosse Beterin und bewundern, mit welcher Selbstverständlichkeit sie Gebet und aktives Tun miteinander verknüpft, ihren Glauben offen und befreit ausdrückt.

Der Rhythmus des Kirchenjahres schenkt Dorothys ruhelosem Leben Struktur und lässt ihren Glauben reifen. Die Menschwerdung Gottes ist für sie nicht mit süsslichen Weihnachtsbildern verbunden, sondern mit einer obdachlosen Mutter und ihrem unter prekären Verhältnissen geborenen Kind, das Verfolgung kannte und sich mit den Armen solidarisierte. An Karfreitag sieht Dorothy die Spuren des Kreuzes in den vom Elend gezeichneten Hospizbewohnern. An Ostern ist sie dankbar, dass die Evangelien berichten, dass sich der Auferstandene von seinen Weggefährten berühren liess und sie ihn am Brotbrechen erkannten. Dorothy beschreibt Jesus als Menschen, der seine Mahlzeiten genoss, mit Freundinnen und Hungerleidern ass und für die Jünger das Essen bereitete. Sie kennt die Sehnsucht vieler Menschen nach gelebter Religiosität und schätzt die Sakramente, die Gottes Gnade in sinnlich wahrnehmbarer Form vermitteln. Aus ihrer Sicht helfen sie, die Liebesbeziehung zwischen Gott und Mensch lebendigzuhalten. Mit dem Verweis auf Zärtlichkeiten zwischen Ehepaaren, die nicht immer mit Hingabe ausgetauscht werden und trotzdem wichtig für die Beziehung sind, rät Dorothy, Sakramente auch dann zu empfangen, wenn man einmal nicht andächtig gestimmt sei. Menschen würden christlich getauft, um ein Leben lang christlich zu *werden*. Der Glaube, als Geschenk und Willenssache, muss wie die Höflichkeit eingeübt werden. In der Stille des Morgens huscht Dorothy durch New Yorks Strassen und birgt sich in einer Kirche, um Gemüt und Verstand von Gott berühren zu lassen. Ihr ist die Messe als Hauptwerk des Tages so kostbar, weil in der Gottesdienstgemeinschaft Christus als Bruder anwesend ist und nicht nur zu ihm, sondern mit ihm gebetet wird. Manchmal fühlt sie sich Jesus so nahe, dass ihr vor Erschütterung die Tränen kommen. Während der Messe kann sie ihre Sorgen in Gottes Hände legen, der wie ein guter Arzt Ausgerenktes einrenkt und Anweisungen für die Heilung gibt.

Das Mysterium der Gegenwart Christi erlebt Dorothy als Zeichen der spürbaren Liebe Christi, ganz komplex und ganz einfach. Als ihr kommunistischer Bruder die Kommunion als Akt des Kannibalismus bezeichnet, erklärt sie ihm: Wie ein Kind in der Gebärmutter von Fleisch und Blut der Mutter genährt werde und als Säugling ihre Milch trinke, so werde sie durch Fleisch und Blut Christi genährt für das ewige Leben. Doch nicht nur die Eucharistie, sondern jedes Mahl in Gemeinschaft bringt für Dorothy den Himmel auf Erden, hat sakramentalen Charakter. Kurz vor ihrem Tod schreibt sie im CW Mai 1980:

> «Der Himmel ist ein Festmahl und das Leben ebenfalls, auch nur mit einer Brotkrume, wenn Gemeinschaft da ist.»

Dorothy schlägt Brücken zwischen der Verehrung des Altarssakraments und der Nahrung in der Suppenküche, zwischen Abendessen und Abendmahl, verkennt aber nie den Vorrang der realen Sättigung. Sieht sie auf dem Weg zur Messe die hungrigen Obdachlosen, bittet sie Gott auf dem Heimweg um genug Kaffee und Brot im Hospiz. Wenn sie daran denkt, dass Jesus ein Mann war wie der Zerlumpte auf der Kirchenbank neben ihr, wird ihr warm ums Herz, und sie erlebt das anschliessende Morgenessen mit den Obdachlosen als intimes Erlebnis. Im CW April 1942 schreibt sie:

> «Wenn wir Jesus nicht im Armen erkennen, können wir ihn sicherlich nicht unter dem armseligen Schleier des Brotes sehen.»

Zentrales Merkmal des christlichen Glaubens ist für Dorothy das Teilen von Brot. An dieser Geste sollten Hungrige eine Christin, einen Christen erkennen. Sie träumt davon, dass Menschen aller Ethnien, Religionen und Schichten Brotgeschwister werden, und ist überzeugt, dass Gott den Menschen die Kommunion schenke, um Leben zu fördern und zu erhalten. Die Verehrung der Eucharistie kann darum nie von der Wertschätzung des Lebens getrennt werden, und die in der Kommunion erlebte Verbundenheit im geheimnisvollen Leib Christi muss eine Fortsetzung im weltlichen Zusammenleben haben. Als Jugendliche während eines Hochamtes in der Kathedrale gegen die Parteiname Kardinal Spellmans für den Vietnamkrieg protestieren, zeigt Dorothy Verständnis. Überzeugt, dass die Demonstrierenden aus Ehrfurcht vor Gott und Menschen handeln, als sie bei der Gabenbereitung Plakate mit der Aufschrift «Du sollst nicht töten» durch das Kirchenschiff tragen, billigt sie nicht, dass die jungen Leute aus der Kirche gescheucht, verhaftet und angeklagt werden.

Durch die Verbindung von Liturgie und Diakonie – Gottesdienst und Menschendienst – entsteht im Umfeld der Catholic Worker eine von Laien getragene, liturgisch und politisch fortschrittliche Form des Katholizismus. Doch trotz der Unterstützung von Anhängern der Liturgischen Bewegung wie Virgil Michel,

Martin Hellriegel, Alcuin Deutsch und Gerald Ellard wird die Catholic-Worker-Avantgarde lange an den Rand von Gesellschaft und Kirche gedrängt. Erst mit der Liturgiereform des Zweiten Vatikanischen Konzils werden Themen, die in Abendveranstaltungen bei den Catholic Worker seit den 1930er-Jahren besprochen werden, auch in Kirchgemeinden diskutiert. Als Dorothy 1968 für ihren unermüdlichen Einsatz von der Liturgiekommission in Washington geehrt wird, spricht sie bei ihrer Dankesrede aus, wie schmerzlich das jahrzehntelange Unverständnis und die Ausgrenzung für sie und die Bewegung waren.

Wer ist ein guter Apostel, eine gute Apostelin?

Indem Dorothy wagt, das Evangelium beim Wort zu nehmen und in die Moderne zu übersetzen, wird sie für viele Menschen in Amerika zu einer Leitfigur, in deren Sprechen und Leben sich etwas vom Urchristentum durch die Zeit gerettet hat. Sie reiht sich ein in die Schar derer, die freiwillige Armut und ein unstetes Leben auf sich nehmen, um dem Ruf Jesu zu folgen. Für Dorothy entsteht eine glaubwürdige Nachfolge durch die Verschmelzung unterschiedlicher Ausformungen apostolischen Lebens, die bei Freitagabendrunden diskutiert und nie gegeneinander ausgespielt werden.

Weitergabe des Apostelamtes: In der katholischen Kirche sind vor allem die im Neuen Testament beschriebenen zwölf Apostel bekannt. Obwohl Paulus, der nicht zum Jüngerkreis gehörte, als Apostel gilt und die Schrift die Apostelin Junia nennt, wird die Weitergabe des Apostelamtes an die apostolische Sukzession gebunden, die nur geweihten Männern möglich ist.

Dorothy glaubt felsenfest an die Kirche, gegründet auf Petrus, der seinen Meister dreimal verriet. In sozialen Fragen ärgert sie sich über den Konservatismus der Hierarchie, anerkennt aber die dogmatischen Lehrsätze und die hierarchische Struktur der Kirche. Kritiker deuten dies als Unterwürfigkeit, doch Dorothy fühlt sich durch die Kirche nicht eingeschränkt, sondern befreit. Da sie die mühsame Etablierung der katholischen Kirche in

Amerika miterlebt, vermeidet sie Streitereien, die gegen die Kirche gerichtet werden könnten. Sie anerkennt den Papst als spirituellen Führer bedingungslos, betont aber in weltlichen Dingen ihre Eigenverantwortung. Ihr ist bewusst, dass in der Geschichte der Kirche sogar Heilige in Konflikt mit der Hierarchie gerieten, wenn sie den Zeichen der Zeit gehorchend taten, was ihr Gewissen ihnen eingab.

Dorothy hat einen respektvollen und ungezwungenen Umgang mit kirchlichen Würdenträgern und klare Vorstellungen von den Qualitäten eines guten Bischofs. Er muss Land und Leuten kennen, den Menschen nahe sein und umsetzen, was er bei der Bischofsweihe versprach: die Demut lieben, zur Wahrheit stehen und sie weder durch Schmeicheleien noch Drohungen biegen. Neben Bischöfen, die den Nonnen ihrer Diözese den Umgang mit Dorothy verbieten, gibt es Bischöfe, die sich regelmässig zum Austausch mit ihr treffen und ihr Unterstützung zusichern, würde sie des Kommunismus verdächtigt. Von Legenden umrankt ist ihre Beziehung zu Erzbischof Francis J. Spellman von New York. Als Dorothy 1935 Stahlstreikende unterstützt und ins Ordinariat gerufen wird, befürchtet sie Ärger, doch Bischof Spellman empfängt sie freundlich, warnt nur vor den Gefahren des Kommunismus. Auch bei weiteren Treffen finden der hohe Geistliche und die Laiin einen guten Umgang miteinander, doch im März 1949 lässt sich Dorothy zu einer Auseinandersetzung mit dem mächtigsten Mann der amerikanischen Kirche ein. Sie unterstützt die Friedhofsarbeiter der Erzdiözese New York und teilt Kardinal Spellman brieflich mit, die Männer hätten das Recht, für bessere Arbeitsbedingungen zu streiken. Sie erinnert den Kirchenfürsten, dass Christus den Jüngern die Füsse wusch, und bittet ihn, sich den Arbeitern väterlich zu zeigen und ihre harte Arbeit besser zu entlohnen. Als der Kardinal Priesteramtskandidaten als Streikbrecher aufbietet, formuliert Dorothy im CW April 1949, der Kardinal habe seine Würde verloren. Da kein Protest aus dem Ordinariat folgt, ist anzunehmen, dass man sich mit der Editorin des CATHOLIC WORKER nicht anlegen will.

Dorothys Loyalität zur Hierarchie wird rund um den Vietnamkrieg besonders hart geprüft, und sie hält sich mit Kritik lange zurück. Doch als Kardinal Spellman auf seiner Vietnamreise die katholischen Soldaten zum totalen Sieg aufhetzt, nennt sie seine Worte gefährlich wie Bomben, erschreckend wie Napalm. Auch als Kardinal McIntyre einem sozial engagierten Priester Verbote auferlegt, überlegt sie im CW Juli–August 1964, ob sie im Einsatz für eine gerechte Welt der Hierarchie oder dem Gewissen folgen müsse. Sie entscheidet sich für den Vorrang des Gewissens und schreibt:

> «Man muss immer der Frohbotschaft folgen, das Evangelium in guten und schlechten Zeiten verkünden; zentral ist die Botschaft, dass alle Menschen einander Brüder sind. In allen Bruderschaften des christlichen Glaubens ist diese Lehre enthalten. Man muss sie nur noch anwenden.»

Dorothy ist es ein Herzensanliegen, den tiefen Graben zwischen Klerikern und Laien zu überwinden. Sie zeigt Verständnis für Priester, die durch Überforderung, das zölibatäre Leben oder hartherzige Bischöfe dem Alkohol verfallen. Bei Klerikern, die wenig Begeisterung für das Evangelium und den Weg der Heiligung wecken können, vermutet sie seelische Mangelernährung. Aber Priester am Steuer teurer Autos und geschäftstüchtige Kleriker, die Arbeiterinnen und Farbige mitausbeuten und unmenschliche Arbeitsbedingungen als Möglichkeit zum Aufbau der Heiligkeit propagieren, findet sie skandalös. Ein Heil- und Heiligwerden der Menschen scheint ihr unmöglich, solange die Kirche eine von der Arbeit abgekoppelte Spiritualität vermittelt. Deshalb verfolgt sie mit Interesse den Einsatz der Arbeiterpriester in Frankreich und reagiert enttäuscht auf das Verbot des Experiments. Ihre Freundschaft mit kirchlichen Grenzgängern, künstlerisch und politisch interessierten Priestern ist augenfällig. Sie bewundert auch Abbé Pierre, der mit den Armen lebt, in der Not Gesetze bricht und dafür als Bandit verschrien wird. Nach seinem Besuch in New York betet sie um klerikale Revolutionäre, die den Mut des Gründers der

Emmaus-Gemeinschaft haben und sich für eine diakonische Kirche einsetzen, die ihre Gelder nicht in Macht und Pracht, sondern in die Armen investiert.

Da in Priesterseminaren die Themen Pazifismus, Gewissensfreiheit und katholische Soziallehre kaum angesprochen werden, setzt sich der junge Seminarist Leo Neudecker dafür ein, dass Dorothy Day 1936 im Auditorium des Seminars in St. Paul – als wohl erste Frau – das Wort ergreifen kann. Für viele engagierte Priesteramtskandidaten wird Dorothy zur wichtigen Gesprächspartnerin, die sie zum Einsatz für Gerechtigkeit, Frieden und Rassengleichheit im Rahmen ihrer Berufung ermutigt. Sie bedauert zutiefst, dass in den 1960er-Jahren sozial engagierte Priesteramtskandidaten ihre Ausbildung abbrechen und verunsicherte Priester reihenweise die Kirche verlassen. Als Pater Richard McSorley Dorothy ein Jahr vor ihrem Tod auf das Priesteramt der Frau anspricht, gibt sie heiter und gelassen zur Antwort, die katholische Kirche werde Frauen weihen, wenn die Zeit dafür reif sei. Der erste Schritt wäre wohl die Weihe von verheirateten Männern. Durch deren Frauen in der Nähe des Altars würde die Bereitschaft der Kirche wachsen, Priesterinnen zu weihen.

Treue zur Lehre der Apostel: Dorothys Leben ist geprägt vom Hören auf das Wort Gottes, das sie zur Tat drängt. Dennoch lehnt sie es ab, in der Glaubensverkündigung Menschen zu bedrängen. Als sie an einem Anlass der Catholic Truth Society Hetzreden gegen die Kommunisten im Stil von Hitlers Propaganda hört, kritisiert sie in einem offenen Brief das primitive Aufwiegeln der Zuhörerschaft und bringt ihre Ängste um die Zukunft der Kirche zum Ausdruck. Das Argument, Amerika müsse seine christliche Identität mit Gewalt verteidigen, überzeugt Dorothy absolut nicht. Deshalb schlägt sie für ein weiteres Treffen im CW Mai 1937 das Thema «Make Love, not Hate» vor. Die Grundlagen des Christentums sind für sie Barmherzigkeit und Liebe, die sie auch in biblischen Schlüsseltexten für ihre Lebensgestaltung entdeckt.

Als Dorothy für ihre Tochter Wegweisungen für ein ganzheitliches Leben sucht, findet sie diese in der *Bergpredigt* (Mt 5,3–12).

Die Seligpreisungen, die sie als Aufforderung und Zusage interpretiert, geben ihrem Einsatz für die Armen und ihrer pazifistischen Haltung ein Fundament und liefern den Catholic Worker Gesprächsstoff. Dorothy vertraut darauf, dass Gottes Reich all denen nahe ist, die nach den Weisungen der Bergpredigt leben; zugleich ist ihr bewusst, dass dies ein herausfordernder Weg für Gipfelstürmer ist.

Selig sind die Armen: Beschämende Armutserfahrungen in der Kindheit und die selbstgewählte Armut im jungen Erwachsenenalter haben Dorothy sensibilisiert für die Doppelgesichtigkeit der Armut, über die sie im CW September 1946 schreibt:

> «Die durch die Industrialisierung ausgelöste Armut stinkt, doch die Armut aus christlicher Sicht ist ein heiliger Zustand.»

Dieses Paradoxon beschäftigt Dorothy ein Leben lang. Im CW Dezember 1950 schreibt sie, Amerika rühme sich, den höchsten Lebensstandard auf der Welt zu haben, übersehe aber die Migranten, Pächter und Lohnsklaven. Schon 1936 berichtet sie vom Elend der Landvertriebenen und Tagelöhner in Arkansas und informiert die Präsidentengattin Eleanor Roosevelt in einem Telegramm über die unhaltbaren Zustände. Dorothy lehnt die protestantische Auffassung, Armut als Zeichen moralischer Fragwürdigkeit zu interpretieren, ebenso ab wie den Mythos, alle könnten sich mit gutem Willen hocharbeiten. Der Katholizismus ist aus ihrer Sicht die Religion, die Materielles als Leihgabe betrachtet und die Armen segnet. Dorothy entwickelt eine Mystik der Armut, die den ökonomischen Radikalismus der Besitzlosigkeit mit dem Pazifismus verknüpft. Wer freiwillig arm lebt, muss keinen Besitz beschützen und verteidigen. Für Dorothy ist freiwillige Armut authentische Auslegung des Evangeliums, Treue in der Christusnachfolge, ein Zeichen der Nächstenliebe und ein Ausdruck des Laienapostolats. Leichtes Gepäck ermöglicht Freiheit und Mobilität. Sie weiss, dass Dinge dazu neigen, sich an die Seele zu heften, um ihr zu befehlen. Weil das Herz dann beim Geld und nicht bei Gott ist, hat Dorothy keine Hemmung, das Wort Sünde in den Mund zu nehmen. Sie setzt sich für eine Kultur des Seins ein, die nicht auf Sicherheit, sondern auf Vertrauen baut, die Vergötzung des Individuums ablehnt und das Gemeinwohl bedenkt: Sie kritisiert den Kapitalismus, der eine Kultur des Habens fördert, und teilt Eric Gills Überzeugung, dass der Mensch für das Glück und nicht für den Wohlstand geschaffen sei. Im CW Mai 1935 schreckt sie nicht zurück, die Leserschaft mit der schockierenden Schlagzeile «Nährt die Armen und lasst die Bankbosse verhungern» aufzurütteln. Für Dorothy handeln Menschen, die ihren Überfluss nicht teilen, räuberisch. Doch herablassende Wohltätigkeit weist sie scharf zurecht, da die auf Austausch und Beziehung angelegten Menschen alle in der einen oder anderen Form Bedürftigkeit kennen. Dorothy begegnet Armutsbetroffenen auf Augenhöhe, holt sie vom Rand in die Mitte. Weil sie ins Gespräch mit einer Obdachlosen vertieft ist, lässt sie einen Reporter warten, der ein Interview mit ihr machen möchte. Als sie nach einiger Zeit aufschaut, fragt sie ihn, ob er mit ihr oder ihrer Gesprächspartnerin sprechen möchte. Ein andermal gibt Dorothy einen Diamanten, den sie als Geschenk erhalten hat, sofort einer Obdachlosen weiter. Auf die Kritik ihres Umfeldes reagiert Dorothy mit dem Ausspruch, Gott habe Diamanten für alle Menschen geschaffen!

Als Befreiungstheologin avant la lettre kritisiert sie die Sünden einer Kirche, die sich mit den Mächtigen solidarisiert und die Tradition der freiwilligen Armut vergessen hat. Sie verurteilt die Ausbeutung der Entwicklungsländer und weiss zugleich, dass sie als Amerikanerin an struktureller Ungerechtigkeit und Gewalt beteiligt ist. Sie sieht die komplexen Zusammenhänge und Abhängigkeiten der Weltwirtschaft; doch für das Entstehen von globalen Krisen kennt sie nur einen Grund: Geldgier. Ihr ist früh klar, dass Konsumierende Einfluss auf das Gestalten einer gerechteren Welt haben, und ruft schon 1940 zum Beitritt einer Solidaritätsbewegung auf, in der Mitglieder sich verpflichten, keine unfair produzierten Konsumgüter zu kaufen. Dennoch bleibt auch für Dorothy die freiwillige Armut ein hartes Trainingsfeld.

Selig sind die Trauernden: Offen für die Wunden dieser Welt, hochsensibel und voller Empathie setzt Dorothy dem Leid ihre Tränen und Gebete, ihren Protest und ihr Engagement entgegen. Oft ist das Elend so gross, dass sich im Tagebuch die Berichte über depressive Zustände mehren. In der Mitte ihres Lebens leidet Dorothy unter extremen Stimmungsschwankungen, denen sie auf vielfältige Weise zu Leibe rückt. Das Kinderhüten hält sie vom Grübeln ab, auch das Putzen oder ein Bad können heilsam sein. Besonders hilfreich erlebt sie das Tagebuchschreiben und das Gebet. Doch manchmal kann sie die Traurigkeit nicht niederbeten. Wenn der Weltschmerz sie überfällt, die Melancholie ihre Gründung in Gott verdunkelt und sie schmallippig auf Verletzungen reagiert, flüchtet sie in ihr Zimmer, um wortlos und bitterlich für Stunden zu weinen.

Selig sind, die keine Gewalt anwenden: Weil Dorothy glaubt, dass Gewalterfahrungen Opfer und Täter für immer prägen, wirbt sie unermüdlich für eine Welt ohne Gewalt und Angst. Sie kennt die katholische Lehre vom gerechten Krieg und die Akzeptanz von Notwehr, dennoch möchte sie katholischen Gläubigen einen biblisch begründeten Weg der Gewaltlosigkeit vermitteln. Immer wieder betont sie, dass Jesus den Weg des Friedens ging. Er ertrug Verleumdung, verkündete und lebte Feindesliebe und Lebenshingabe. Um der Geschwisterlichkeit aller Menschen willen ruft Dorothy dazu auf, nicht zu den Waffen zu greifen. Von Natur aus cholerisch, fällt ihr Sanftmütigkeit schwer. Wie ihre Mitarbeitenden muss sie sich mit der eigenen Wut und Verletzlichkeit auseinandersetzen und eine solide Spiritualität entwickeln, um gewalttätigen Gästen im St.-Joseph-Haus nicht feindselig, ängstlich oder maternalistisch zu begegnen. Im Alter besitzt Dorothy die Fähigkeit, mit einer Berührung, einem Blick, einem Wort die gewalttätigsten und zornigsten Menschen zu beruhigen und mit bewaffneten Männern einen Dialog auf Augenhöhe zu führen.

Selig sind, die hungern und dürsten nach Gerechtigkeit: Für Dorothy ist das Kommen des Reiches Gottes mit der Hoffnung verbunden, dass alle Menschen mit Brot und Rosen ihren Tisch decken können. Das in der Gesellschaft durch selbstsüchtige Gier entstandene Ungleichgewicht soll durch freiwillige Armut ausgeglichen werden. Sie nennt die durch Mitgefühl ausgelöste teilende Nächstenliebe Gerechtigkeit und weiss, wie viel Kraft und Mut ein Leben in Armut und das Aufbegehren dagegen braucht.

Selig sind die Barmherzigen: Weil *charity* (Wohltätigkeit) den Beigeschmack von herablassender Barmherzigkeit hat, benutzt Dorothy lieber den Begriff *compassion,* den Johann Baptist Metz als Mit-Leidenschaftlichkeit übersetzt. Dorothy wäre damit sicher einverstanden, da für sie Barmherzigkeit nur gelingen kann, wenn damit eine Haltung leidenschaftlicher Solidarität verbunden ist. Jesus ist für sie nicht nur ein barmherziger, sondern ein leidenschaftlicher Mann, von dem geschrieben steht, dass er im gerechten Zorn die Händler aus dem Tempel jagte. Sie bezeichnet sein ganzes Leben als Passion und warnt, die Menschlichkeit Jesu zu vergessen, da damit die eigene Menschlichkeit aus dem Blick gerate und man der Versuchung verfalle, fromm zu tun, statt fromm zu sein. Das englische Verb *comfort*, das gemeinsam-stark-sein bedeutet, erinnert sie an die Aufforderung des Paulus an die Gemeindemitglieder, einander Trost und Stärkung zu sein. Als investigative Journalistin möchte sie Mitgefühl und Mitleidenschaft für Arbeitslose und Obdachlose wecken und hofft, dass ihre *compassion* mit den Leidenden ansteckend wirkt und Menschen zu Gott, dem Ursprung aller Liebe, führen wird.

Selig sind, die ein reines Herz haben: Schreibt Dorothy über Menschen, die alles mit ganzem Herzen machen, kommt ihr zuerst ihre jüdische Freundin Rayna aus Jugendtagen in den Sinn. Auch Peter Maurin zählt sie zu den Menschen, deren Herz durch Selbstdisziplin gereinigt, frei von Begierden und Wünschen, bereit für die Ankunft Gottes war. Die Aussage, dass erst das verwundete Herz offen und berührbar für Gott sei, trifft sie so, dass sie in schmerzvollen Zeiten vermehrt die Stille sucht.

Selig sind, die Frieden stiften: Dorothy empfindet das von den amerikanischen Bischöfen unterstützte Kriegstreiben als Verrat an der Lehre Jesu und ist Pater Hanly Furfey dankbar, dass er im ersten pazifistischen Artikel im CW März 1935 Jesus als Liebhaber des Friedens beschreibt. Weil das Wort Pazifismus in Amerika den negativen Beigeschmack der Passivität hat und Dorothy den Einsatz für den Frieden als aktive Tätigkeit sieht, beschreibt sie Catholic Worker lieber als Friedensstifter (*peacemaker*). Aus ihrer Sicht sollte Friedenserziehung früh vermittelt und als Wissenschaft gefördert werden. Da die Umsetzung dieser Seligpreisung Dorothy am meisten Probleme einbringt, werden die Fragen rund um Krieg und Frieden in einem separaten Kapitel behandelt.

Selig sind, die um der Gerechtigkeit willen verfolgt werden: Catholic Worker kommen ins Gefängnis, weil sie sich nicht einspannen lassen in die Werke des Krieges. Sie werden von verwirrten Gästen angegriffen und verletzt, verlieren Arbeit, Eigentum, den guten Ruf und nehmen in Kauf, als Geistesgestörte verlacht zu werden. Während einer Verleumdungsaktion schreibt Dorothy im CW April 1968, man werde beim jüngsten Gericht nicht gefragt, wie erfolgreich man gelebt habe, sondern ob man den christlichen Werten treu geblieben sei. Es gelte, nach der Bergpredigt zu leben und damit bereit zu sein für das Leiden. Neben dem Gebet ist auch das Leiden für Dorothy eine spirituelle Waffe, die dem Reich Gottes zum Durchbruch verhelfen kann. Einem kranken Mitarbeiter schreibt sie, die Annahme von Schmerzen sei die allerhärteste Arbeit im Dienst für die Gemeinschaft. Aber auch sie muss vor gewaltfreien Aktionen allen Mut zusammennehmen, weil die Angst vor körperlichen Qualen ihr zusetzt. Besonders in der Rassenfrage erlebt Dorothy das Einstehen für Gerechtigkeit als lebensgefährlich und kann Menschen verstehen, die sich dem Terror des Ku-Klux-Klans beugen.

Sind die Seligpreisungen, die in ihrer Radikalität Einzelne überfordern, an eine Gemeinschaft gerichtet, kommt bei der Gerichtspredigt (Mt 25,35–36) der personalistische Ansatz zum Tragen. Die *Werke der Barmherzigkeit*, die Dorothy als Programm für die Häuser der Gastfreundschaft und als Königsweg zum Himmel beschreibt, könnte man als Magna Charta der Catholic Worker bezeichnen. Im CW November 1949 fasst Dorothy die jesuanischen Worte zusammen:

«Wenn du die Hungrigen nicht speist, die Nackten nicht kleidest, die Obdachlosen nicht beherbergst, die Gefangenen nicht besuchst, nicht gegen Unrecht protestierst, die Trauernden nicht tröstest etc., dann hast du all dies nicht für mich getan.»

Die Anarchistin Day, vertraut mit direkten Aktionen, lernt mit den Werken der Barmherzigkeit eine oft vergessene christliche Tradition kennen: Die Begegnung mit den Geringsten ist eine personale Begegnung mit Christus. Die Vielfalt an körperlichen und spirituellen Werken der Barmherzigkeit biete den Gläubigen die Möglichkeit, ihre je eigenen Talente zu entfalten. Prophetisch schreibt sie 1938, wenn es Christinnen und Christen nicht gelänge, nach der Gerichtspredigt zu leben, würden die Werke des Krieges erneut überhandnehmen, und während des Vietnamkrieges notiert sie im CW Juli–August 1964:

«Werke der Barmherzigkeit sind Werke der Liebe. Werke des Krieges sind Werke des Teufels.»

Bedeutungsvoll findet Dorothy auch die kaum bekannten spirituellen Aspekte der Werke der Barmherzigkeit. In mehreren Artikeln zählt sie deren Siebenzahl auf:

«Die Unwissenden lehren, die Zweifelnden beraten, die Betrübten trösten, die Sünder zurechtweisen, Mühsames geduldig ertragen, Verletzungen verzeihen und für die Lebenden und Toten beten.»

Dorothy hält ein lebenslanges Studium für wichtig, da ein vertieftes Wissen auch zu einem grösseren Verständnis für das Göttliche führe. Sie ist dankbar für frei zugänglichen Bibliotheken, beklagt das ungerechte amerikanische Bildungssystem und fordert die katholische Kirche zu einer Bildungsoffensive auf. Im CATHOLIC

Worker berichtet sie über Schulen für schwarze Kinder, mexikanische Landarbeiter und über die Pädagogik von Summerhill, Maria Montessori und Paulo Freire. Gross ist ihr Interesse für die Schule von Ivan Illich, an der ihre Enkelin Becky eine Zeit lang arbeitet.

Da Dorothy erlebt, dass die Verkündigung des Evangeliums in einer entchristlichten Gesellschaft herausfordernd ist, sieht sie ihre journalistische Tätigkeit als unverzichtbare Ergänzung zum liebevollen Umgang mit Bedürftigen. Im CW Februar 1940 schreibt sie, für die Realisierung der Reich-Gottes-Vision brauche es die Indoktrination, die Mission und das vernünftige Erklären des Glaubens. Unrecht zu ertragen meine nicht, dem Chef ein Fortführen der Sünde der Ausbeutung zu erlauben, sondern beinhalte auch den Einsatz für bessere Arbeitsbedingungen. Für Katholiken, die sich kaum in politische und ökonomische Angelegenheiten einmischen, ist das neu und ungeheuerlich. Sie schreiben in wütenden Leserbriefen, Dorothy solle Streikende nicht unterstützen, sondern sich um die Armen kümmern. Einmal mehr hat Dorothy den Eindruck, dass die Kirche zu sehr das Überirdische betone und formuliert im CW Januar 1951:

> «Bei allem Reden über Gebete und Novenen erhalten die Katholiken keinerlei Führung zur aktiven Gestaltung ihres gegenwärtigen Lebens.»

Mit dem Catholic Worker möchte Dorothy den Menschen auf der Strasse die soziale Botschaft des Evangeliums und der Kirche nahebringen und enttäuschte Gläubige zurückgewinnen. Wenn Geistliche ihr vorwerfen, mit ihrem Vorgehen gewinne sie keine Konvertiten, erklärt Dorothy, dass Mission nur glaubwürdig sei, wenn die Verkündigung einen Ausdruck im Leben finde und Menschen sich in Freiheit zum Glauben bekennen können. Massenbekehrungen sind ihr suspekt, dennoch wirbt sie mit all ihren Kräften für das Reich Gottes und ein gewaltfrei gelebtes christliches Leben. Trifft sie Menschen, die sich keine Gedanken zum Wahnsinn des Krieges machen, sagt sie mit deutlichen Worten, Gott verzeihe die Sünde der Ignoranz nicht. Auch Christgläubige müssten sich informieren und bei ihrem Tun und Lassen die Gerichtspredigt bei Matthäus 25 bedenken.

Leben wie die Apostel: Dorothys Lebensentwurf erinnert an die Reformbewegungen, die das Christentum des Abendlandes im 11. und 12. Jahrhundert erfassten. Armutsbewegte riefen zu einem evangeliumgemässen Leben auf und orientierten sich am Ideal der apostolischen Liebes- und Gütergemeinschaft in Jerusalem. Auch für Dorothy ist ein apostolisches Leben nur glaubwürdig, wenn das Lebenszeugnis zur Glaubensverkündigung wird. Sie traut dies allen Christgläubigen zu und strebt keine Sondergruppe der Perfekten an. Dennoch steht sie mit ihrem pazifistischen Standpunkt den traditionellen Friedenskirchen nahe. Als sie 1956 auf Einladung der Quäker über das religiöse Erbe der katholischen Kirche spricht, erinnert sie an die ersten Christgläubigen, die in der Nachfolge Christi gewaltfrei lebten, Folter und Tod in Kauf nahmen. Sie bedauert, dass diese Tradition in der katholischen Kirche in Vergessenheit geriet.

Neben den biblischen Schriften prägen das *ora et labora* der Benediktiner, die franziskanische Solidarität mit der Schöpfung und die Spiritualität der Karmeliterinnen und Dominikaner die Bewegung. Auch zu Jesuiten und Trappisten hat Dorothy enge Kontakte und fühlt sich den Taizébrüdern mit ihrer zeitgemässen Spiritualität verbunden. Übernachtet sie in einem Kloster, erlebt sie den Ort als Kraftwerk. Dennoch kann sie sich ein klösterliches Leben nicht vorstellen. 1955 wird sie Oblatin der Abtei St. Procopius in Lisle, Illinois, wo Benediktiner die Messe im römischen und im byzantinischen Ritus feiern und für die Wiedervereinigung der römisch-katholischen und orthodoxen Kirche beten.

Ähnlich wie die Beginen im Mittelalter lebt Dorothy Christusnachfolge in selbstverantworteter Verpflichtung und in grösstmöglicher Freiheit. In Verbundenheit und Solidarität mit der Welt befolgt sie die evangelischen Räte Armut, Keuschheit und Gehorsam. Bei aller Dankbarkeit für das klösterliche Leben ist ihr der Laiencharakter der Bewegung ein Anliegen. Sie möchte der Berufung zu Partnerschaft und Familie Gewicht verleihen, da ihr apostolisches Lebensprogramm Heiligkeit ist, die sie für alle erhofft und erbetet. Sie erinnert an Papst Pius XII., der beklage, dass die Nachfolge Christi, die alle Gläubigen zur Heiligkeit aufrufe, als typisch christliche Lebensart verschwinde, und schreibt im CW Juli-August 1954:

> «Bevor wir apostolisch sind, müssen wir heilig sein.»

Heiligung des Lebens im Alltag und bei der Arbeit

Den Aufruf zur Heiligkeit lernt Dorothy durch Peter Maurin kennen. Er lehrt, dass alle Menschen danach streben, ganze, gesunde, frohe, heilige Menschen (*whole and holy*) zu werden, und beschreibt Heilige als von Gottes Liebe Durchdrungene, die persönlich verantwortet ihren Glauben ins Leben übersetzen und die Freiheit eines Christenmenschen nutzen, um die Welt zu einem gerechteren und besseren Lebensraum zu machen. Diese Vorstellungen übernimmt Dorothy im CW April 1958:

> «Ein Heiliger zu sein, bedeutet, ein Liebender zu sein mit der Bereitschaft, alles zu lassen, alles zu geben.»

Weil Paulus seine Gemeindemitglieder als Heilige anspricht und zur Vollkommenheit aufruft, muss für Dorothy die Möglichkeit bestehen, diesen Zustand zu erreichen. Heiligkeit ist nicht ein unmögliches, sondern ein alltägliches Unterfangen, zu dem Christus den Weg weist. Ihm gilt es stolpernd zu folgen. Der erste Schritt zur Heiligkeit ist die Hinwendung zu Gott, nach dessen Bild Menschen geschaffen sind. Sie führt den Unfrieden in der Welt auf die Gottvergessenheit der Menschen zurück und betont, dass Getaufte schon Geheiligte seien und diese Qualität nur noch leben müssten. Mit dem Bild des entwöhnten Kindes aus Psalm 133 fordert sie zu einer erwachsenen Spiritualität auf, die nötig ist, um sich ganz auf die Welt einzulassen, ohne in ihr aufzugehen. Sie ist überzeugt, dass nur integre, heilige Menschen einem von Machtspielen geprägten Lebensstil gewaltfrei die Stirn bieten können.

Weil für Dorothy wahre Freiheit in Gott gründet ist, verbindet sie Heiligkeit mit Anarchismus. Da Anarchisten in Amerika Staatsfeinde sind und kaum jemand weiss, dass der im 19. Jahrhundert entstandene Anarchismus von Michael Bakunin und Peter Kropotkin auf alttestamentarischen Visionen und biblischen Widerstandsgeschichten fusst, versucht Dorothy anarchistisches Denken mit biblischen Zitaten und Worten der Kirchenväter Augustinus und Thomas von Aquin zu erklären. Im CW Mai 1970 verweist sie auf eine christliche Vorstellung des Anarchismus im Galaterbrief von Paulus:

> «Jene, die jegliche Ideen von Dominanz, Macht und der Manipulation anderer aufgegeben haben, stehen nicht unter dem Gesetz. Für jene, die in Jesus Christus leben, Christus angezogen haben und die Füsse der anderen waschen, gilt kein Gesetz. Sie haben die Freiheit der Kinder Gottes.»

Sie beruft sich auch auf die Gründerväter des freiheitsliebenden amerikanischen Staates und zitiert Thomas Jefferson, bei dem sich ein guter Staat durch möglichst wenig Regierung auszeichnet. Dorothy plädiert ebenfalls dafür, dass der Staat nicht übernehmen solle, was Einzelne erreichen können. Sie kritisiert einen übertriebenen Patriotismus, der in Amerika zum Religionsersatz verkommen sei, und schreibt im CW Januar 1973, nicht nur Hitler, Mussolini und Stalin hätten in ihren Ländern totalitäre Systeme aufgerichtet, auch in Amerika gäbe es Militarismus, Zentralismus, Bürokratismus und Totalitarismus, die kaum jemand hinterfrage.

In Dorothys Nähe entdecken Menschen, dass Religion nicht ein Eintauchen in wohlige Gefühle ist, sondern das ganze Leben umfasst. Dorothy Days Glaube flüchtet nicht in Himmelsseligkeit, sondern drängt zum innerweltlichen Einsatz, dennoch lebt sie ganz ausgerichtet auf die Ewigkeit. Ihr Konzept von Heiligkeit bleibt immer geerdet, ist verbunden mit einem einfachen Lebensstil und einer Arbeit, die der Sinnerfüllung und dem Gemeinwohl dient. Im CW September 1946 regt sie während einer Phase des industriellen Aufschwungs die Leserschaft an, darüber nachzudenken, ob ihre Arbeit sie auf dem Weg zum Himmel unterstützte oder den Weg zur Hölle pflastere. Sie fasst eine Theologie der Arbeit in der Kurzformel zusammen:

> «Arbeit ist Gebet – das ist der zentrale Punkt der christlichen Lehre über Arbeit.»

Sei es Gäste bewirten, Windeln wechseln, Atomwaffengelände besetzen, studieren oder gärtnern, jede Arbeit soll achtsam ausgeführt werden, damit sie den Geschmack des Himmels annehmen kann. Dorothy erwartet nicht Utopia auf dieser Welt, wird aber nicht müde zu wiederholen: In Gottes Schöpfung ist ein gutes Leben und die Möglichkeit zur Heiligkeit für alle eingeplant. Menschen haben ein natürliches Recht auf ein wenig Eigentum und sinnvolle Arbeit, um erfüllt leben zu können. Sie ermuntert die Arbeiterschaft, den Besitz der Produktionsmittel anzustreben, obwohl sie sich bewusst ist, dass dies kommunistisches Gedankengut ist.

In einem Christentum, das quietistisch Unrecht erträgt, fühlt sich Dorothy unwohl. Wenn Arbeit Berufung und nicht Strafe sein soll, muss eine Tätigkeit so beschaffen sein, dass sie Gott ehren und Menschen beglücken kann. Neben freudlosen, abstumpfenden Tätigkeiten sind auch Arbeiten, die dem Gemeinwohl schaden, nicht mit einer christlichen Lebensführung zu vereinbaren. Am 15. Mai 1969 schreibt Dorothy auf einer langen Zugfahrt ihre Gedanken zum Thema Arbeit in ihr Tagebuch. Es ist ihr wichtig, dass Menschen ihre Berufung finden, die am Grad der Freude bei der Ausübung des Berufes zu erkennen ist. Die richtige Berufung lässt Menschen zu ganzheitlichen Personen werden, die Barmherzigkeit und Gerechtigkeit in ihrer Lebensführung vereinen und den spirituellen Aspekt der Arbeit bedenken. Integre Menschen verdienen ihren Lebensunterhalt nicht auf Kosten anderer, sie betrügen nicht, leben nicht von Kreditkarten, sondern nehmen die

Mühsal körperlicher Arbeit auf sich und ertragen Schwieriges mit Geduld. Diese spirituelle Arbeit ist für Dorothy ein Teil der Ausbildung auf dem Weg zum Himmel:

> «So erinnern wir uns daran, dass der Weg zum Himmel schon Himmel ist. Der Himmel ist in dir. Das Reich Gottes ist hier und jetzt.»

Die Aufgabe der Laien

Durch Immigrationswellen aus Irland, Süd- und Osteuropa entwickelt sich die katholische Kirche Amerikas erstaunlich schnell zur grössten Religionsgemeinschaft des Landes. Eingespannt in einen entbehrungsreichen Alltag erhoffen sich die Eingewanderten wirtschaftlichen Aufstieg durch Fleiss und Anpassung. Die meist konservative Kirchenhierarchie setzt sich kaum mit der harten Lebenswelt der Gläubigen auseinander und bemüht sich wenig, Modelle für eine alltagstaugliche Spiritualität zu entwickeln.

Unter dem Einfluss von Peter Maurin, der das Laienapostolat aus seiner französischen Heimat kennt, wird Dorothy als katholische Aktivistin *die* führende katholische Laiin Amerikas im 20. Jahrhundert. Aus ihrer Sicht haben alle Menschen einen irdischen Auftrag im Heilsplan Gottes. Sie sollen nicht fragen, weshalb die da oben nichts unternehmen, sondern sagen: «Weshalb packen wir die Sache nicht an?» Für Dorothy ist dies der Ruf zum Laienapostolat. Damit löst sie eine Laienbewegung aus, die das eingespielte Verhältnis zwischen aktivem Klerus und passiven Laien ins Wanken bringt. Catholic Worker sind nicht mehr bereit, soziale Missstände als gottgegeben zu akzeptieren. Sie entdecken in den biblischen Schriften den Auftrag, die Kirche mitzugestalten und ihren Glauben in die Arbeitswelt zu tragen.

Als Dorothy während der Priesterverfolgung in Mexico im CW 1934 zum Gebetsprotest vor der mexikanischen Botschaft aufruft, der 3000 Gläubige folgen, wird deutlich, dass im katholischen Milieu ein Ton angeschlagen wird, den man nur von den Radikalen her kennt. Weil die katholische Hierarchie den Eindruck hat, hier erhebe sich eine wirksame Stimme gegen den Kommunismus, unterstützt sie nun den CW. Bald liegt die Zeitung in allen katholischen Schulen und Universitäten auf, und die Verkaufszahlen schnellen in die Höhe. Als jedoch der antibourgeoise Charakter des CW deutlicher wird, als Streiks, Boykotte und Gewerkschaftsbeitritt thematisiert werden, fragen sich kirchliche Kreise verunsichert, auf welcher Seite Dorothy stehe. Doch für die Editorin des CATHOLIC WORKER müssen Laien Mitverantwortung für das Los Ausgebeuteter tragen und den Klerus darauf aufmerksam machen. Sie erinnert an die Antrittsrede UBI ARCANO DEI von Papst Pius XI. im Dezember 1922, in der er die katholische Arbeiterschaft um Mithilfe am Aufbau der Kirche bat. Dabei benutzte er erstmalig das Wort Apostel für Laien und erinnerte an das gemeinsame Priestertum aller Getauften.

Als Dorothy jedoch unter dem Titel THE CHURCH AND WORK im CW September 1946 ein flammendes Plädoyer für das Laienapostolat veröffentlich, wehren sich vor allem Kleriker massiv. Sie akzeptieren die ungerechte soziale Ordnung und fordern die Arbeiterschaft auf, zuerst das himmlische Reich zu suchen. Dorothy hat Verständnis für erschöpfte Arbeitende, die fromme Ratschläge weltfremder Priester nicht mehr beachten. Es ärgert sie, wenn bei kirchlichen Treffen zu sozialen Fragen unkundige Kleriker die Podiumsplätze einnehmen, währen dem katholische Gewerkschafter im Publikum sitzen. Sie erlebt, dass Laien in den Pfarreien weiterhin kleingehalten werden, und sorgt sich um den Untergang der Kirche. Da Kleriker sich oft als Mitglied einer vollkommenen Gesellschaft sehen und Dorothy nicht zutrauen, Laien zu einem apostolischen Leben zu begleiten, hält sie Ausschau nach Priestern, die religiöse Erwachsenenbildung anbieten und Frauen ernst nehmen. Ein Kardinal, der irritiert ist, dass Laien Eigeninitiative entwickeln und freiwillig arm leben, fragt Dorothy einmal ungehalten, ob Catholic Worker meinen, sie seien ein Haufen von Priestern und Nonnen. Doch für Dorothy gibt es keinen Graben zwischen Klerikern und Laien, sondern zwischen einem christlichen Lebensentwurf und einem bürgerlichen Leben. Unentwegt betont sie, dass eine innige Christusbeziehung nicht an eine Weihe gebunden sei. Im CW Oktober 1951 schreibt sie:

> «Auch wir Laien können IHN in unsere Familien, Pfarreien, in unsere harte Arbeit, in unsere freiwillige Arbeit, in die Werke der Barmherzigkeit bringen. Wir können IHN selber finden und leben, und wir können IHN in den anderen Menschen sehen.»

Ob Dorothy schreibt, spricht, nährt, tröstet; immer will sie von Gottes Liebe und vom Wunder seiner Menschwerdung künden. Sie versteht ihre Arbeit für den CATHOLIC WORKER als apostolische Tätigkeit und den Verkauf des CW als ein Strassenapostolat von grösster Wichtigkeit. In ihren Kolumnen ermuntert sie zu einem Christentum des Alltags und zum Apostolat der tätigen Nächstenliebe. Sie hält Ausschau nach Aposteln, die sich auf dem Land als Farmer und Handwerker, als Lehrerinnen und Gesundheitspersonal niederlassen, und drückt im CW Dezember 1954 ihre Dankbarkeit aus, dass Catholic Worker als Professoren, Lehrerinnen, Autoren und Eltern das Evangelium verkünden und Artikel zu Laienspiritualität publizieren.

Da Dorothy beobachtet, dass Laien Aufgaben in ihrem Kompetenzbereich niederlegen, sobald genug Priester da sind, macht sie nie allein den Klerus für Missstände in der katholischen Kirche verantwortlich. Ihr ist die Sitte fremd, für alles dem Pfarrer zu fragen. Laien sollen auf ihr Gewissen hören und selbstverantwortet handeln. Deshalb grenzt sie sich von der Katholischen Aktion, die unter priesterlicher Aufsicht agiert, meist ab. Zwar bewundert sie den Begründer der christlichen Arbeiterjugend, Joseph Kardinal Cardijn. Aber da sie den Eindruck hat, dass er das Fabrikleben in zu rosigem Licht sieht, stellt sie ihm bei einem Treffen in New York kritische Fragen und bemängelt auch die Uniformität und klerikale Abhängigkeit der christlichen Arbeiterjugend.

Da die Catholic Worker eine Laienbewegung ohne offiziellen kirchlichen Status ist, fühlt sich Dorothy immer frei zu sagen, was sie denkt. Ihre gesunde Unabhängigkeit schafft Raum für innovative kirchliche Aufbrüche und trägt entscheidend zur Gründung katholischer Gewerkschaften bei. Peter ist ein grosser Gegner des Lohnsystems, weil es Menschen käuflich mache. Er propagiert das befreiende Verschenken und Austauschen von Arbeitskraft und Talenten. Dorothy hält ihm ihre Erfahrungen als Radikale entgegen und kämpft für faire Arbeitsbedingungen. Im CW September 1937 schreibt sie, es sei das Recht und die Pflicht der Arbeitenden, einer Gewerkschaft beizutreten, da nur grosse Verbände Arbeitgeber dazu brächten, auf Augenhöhe mit ihren Angestellten zu verhandeln. Diese Position verärgert Katholiken, bringt Dorothy jedoch den Respekt radikaler Gewerkschaftsführer ein. Sie hat bei Streiks die Erfahrung gemacht, dass nicht die Kommunisten den Glauben der katholischen Arbeiter untergraben, sondern unmenschliche Arbeitsbedingungen und eine Kirche, die die Ausgebeuteten im Stich lässt, und plädiert für die Zusammenarbeit aller Gewerkschaften. Obwohl sie um die brutale Unterdrückung der Gewerkschaften in Amerika weiss, fordert sie Katholiken auf, Gewerkschaften zu bilden und öffentlich dazu zu stehen.

Der grösste und gefährlichste Einsatz der Catholic Worker im Arbeitskampf ist die Unterstützung der streikenden Seeleute 1936–1937 in New York. Durch die Solidarität der Catholic Worker erhalten bis zu 1000 Streikende täglich Nahrung und machen die Erfahrung, dass sich der katholische Glaube auch im sozialen und politischen Bereich zeigt. Mutige Catholic Worker sind im Chicago der 1930er-Jahre aktiv im Gewerkschaftssektor tätig. Auch der bekannte Gewerkschaftsführer Walter Reuther verkehrt in ihrem Hospiz. Zwischen 1936 und 1938 reist Dorothy wegen Arbeitskonflikten durchs Land. Sie besucht Stahl- und Kohleminen in Pennsylvania, unterhält sich mit Pater Charles Owen Rice, der sich für eine bessere soziale Ordnung einsetzt, und trifft während Sitzstreiks bei General Motors in Flint 1937 den katholischen Streikführer John Brophy. Im CW März 1937 lässt sie die Streikenden aus Flint zu Wort kommen. Sie berichten, dass die aufgezwungene Arbeitsbeschleunigung weder Zeit für einen Schluck Wasser noch den Gang zur Toilette ermögliche. Beeindruckt von der Solidarität der Arbeiterschaft, hält Dorothy in Autofabriken Vorträge und wirbt am Radio für Gewerkschaften. Ihre Reportage über das Massaker an streikenden Stahlarbeiter am Memorial Day 1937 führt das Wort *catholic* in die Geschichte der Arbeiterbewegung Chicagos ein. Der Bericht erweckt das Interesse des christlich-sozialen Harvard-Absolventen John Cort, der nach einem Treffen mit Dorothy ins St.-Joseph-Haus nach New York zieht. Am Küchentisch des Obdachlosenheims gründet er mit Arbeitern 1937 die Association of Catholic Trade Unionists (ACTU). Er lernt die päpstlichen Sozialenzykliken kennen, schreibt Artikel für den CATHOLIC WORKER, hält Vorträge und merkt schnell, dass die katholische Soziallehre in Amerika unbekannt ist: Zitiert er aus einem päpstlichen Schreiben die Verurteilung einer Produktion, die nur dem Profit und nicht der Erfüllung menschlicher Bedürfnisse dient, wird ihm vorgehalten, er solle nicht Karl Marx vertreten. John Cort, John Brophy und Dorothy verteidigen das Streikrecht mit päpstlichen Worten, die der arbeitenden Klasse das Recht auf Mitsprache in Industrie und Fabrik zusichern. ACTU unterstützt auch die von radikalen Gewerkschaften organisierten Streiks und versucht aufzuzeigen, dass katholische Lehre und sozialistisches Kämpfen nicht unvereinbar sind. Die von Laien gegründete und geführte spirituelle Erneuerungsbewegung der Catholic Worker leistet in Amerika für die Friedens- und Gerechtigkeitsbewegung Wegweisendes und hält ohne klerikale Aufsicht eine Bindung zur Kirche aufrecht. Das neue Modell von Laienaktivitäten verbindet katholische Reformideen mit kommunitärem Gedankengut, Liturgie mit sozialer Gerechtigkeit und fördert die Entwicklung einer zeitgemässen katholischen Laienspiritualität.

12   Landwirtschaftliche Universitäten

Der dritte Schritt von Peter Maurins Programm ist der Aufbau von landwirtschaftlichen Universitäten, in denen Handwerker, Bäuerinnen und Intellektuelle mit- und voneinander lernen sollen. Geprägt vom kommunalen dörflichen Charakter seiner französischen Heimat, hofft er, dass in Amerika ähnliche Gemeinschaften entstehen. Dorothy ergänzt Peters Vorstellungen mit amerikanischen Bildern der ersten Siedler und des einfachen Lebens von Henry David Thoreau. Auch sie glaubt an Gemeinwesen, in denen Menschen möglichst unabhängig vom übergeordneten Staat mit- und füreinander leben können. Sie bewundert Dorfgemeinschaften, die mit basisdemokratischen Strukturen und Genossenschaftsbanken den kommunalen Aspekt von Eigentum betonen, und ist überzeugt, dass Wirtschaftsformen, die das Gemeinwohl fördern, gerechtere Verhältnisse schaffen können.[4]

Während der Weltwirtschaftskrise haben Peter und Dorothy erlebt, wie die Abhängigkeit von Banken die Nation ins Elend stürzte. Da mit dem Zinsgeschäft ein Berufsstand der Nutzung des Geldes auf Kosten anderer lebt, scheint ihnen die kapitalistische Ökonomie das grösste Hindernis für ein menschenwürdiges Leben zu sein. Wenn die Höhe des Lohnes den Wert eines Men-

---

[4]   Elinor Ostrom, die als erste Frau den Wirtschaftsnobelpreis 2009 erhielt, konnte nachweisen, dass öffentliche Güter, die gemeinschaftlich verwaltet werden, nachhaltiger und gerechter genutzt werden. Dabei machte sie auch Studien in der Schweiz, wo es in Berggebieten immer noch Allmenden gibt.

Abb. 11: Dorothy auf einem Catholic Worker Bauernhof

schen bestimmt, sind menschliche Werte nicht mehr gefragt. Doch auch der kommunistische Kollektivismus scheint ihnen nicht der richtige Weg zu sein, um der Arbeit Wert und Würde zu geben. Deshalb entwickelt Peter in Absetzung zur roten Revolution die Theorie einer grünen Revolution. Er erhofft sich durch die Beziehung zum Humus und mit einer Ausrichtung auf Vollendung im Jenseits eine Humanisierung der Arbeit. Und Dorothy möchte die kirchliche Soziallehre mit den Gedanken der Industrial Workers of the World (IWW) verbinden, um den Graben zwischen sozialem Engagement und spirituellem Leben zu überwinden.

1935 wird ein kleiner Hof auf Staten Island, 1936 ein grosses Gut in der Nähe von Easton, Pennsylvania, gepachtet. Maryfarm, nur 70 Meilen von Manhattan entfernt, hat sieben Schlafzimmer, aber weder Elektrizität noch fliessendes Wasser. Schnell zeigt sich, dass die praktische Umsetzung der grünen Revolution eine Herausforderung ist und ein Brunnen gebohrt werden muss. Die Bücher der Dominikaner Vincent McNabb und Gerald Vann, in denen die manuelle Tätigkeit als noble Mitarbeit am Schöpfungswerk Gottes beschrieben wird, werden gerne gelesen und diskutiert. Mit Peter träumen junge Begeisterte vom neuem Garten Eden, doch bricht ihr Mentor zur Feldarbeit auf, findet er kaum Nachahmer. Tüchtige Arbeitskräfte und Sachverständige sind rar, und nur wenige Catholic Worker lassen sich auf ein arbeitsames Gemeinschaftsleben ein. Gottlob können die Farmen auf die Kraft ehemaliger Seemänner und das Wissen ungarischer Immigrantinnen zählen. Ein polnischer Priester mit bäuerlicher Herkunft gibt Ratschläge für Garten, Hühnerstall und Schweinezucht. Wenn alle anpacken, reicht die Ernte für gefüllte Teller auf der Farm und im St.-Joseph-Haus in New York. Aber das Leben in lotterigen Häusern auf ungünstigem Gelände ist hart und für Familien eine Überforderung. Tamar Hennessy, die mit Mann und wachsender Kinderschar unter ärmlichsten Bedingungen knapp überlebt und mit Webarbeiten zum Lebensunterhalt beiträgt, ärgert sich, wenn ihre Mutter das Landleben verklärt. Sogar Dorothy beschreibt die Ansammlung von Schmutz und Hässlichkeit, die Menge an Betrunkenen und Verrückten auf der Farm einmal als ein Bild von Hölle. Randständige und religiöse Fanatiker können sich nicht in eine Arbeitsgemeinschaft einreihen und wollen fähige Frauen nicht unterstützen. Als das Leben auf Maryfarm durch Peters häufige Abwesenheit schwieriger wird und Dorothy den Ort 1946 in ein spirituelles Zentrum umwandeln möchte, gibt es grossen Widerstand, auch von Tamars Familie, die auf der Farm lebt. So überlässt

Dorothy 1947 die Farm den dominanten Männern, die mit biblischem Bezug eine Unterordnung der Frauen verlangen. Mit einer Anzahlung auf Dorothys Buch THE LONG LONELINESS kann im August 1950 die Anlage auf Staten Island erworben werden, die sich für Exerzitien eignet. Zu Ehren des 1949 verstorbenen Peter Maurin erhält sie dessen Namen. Erschöpfte Freiwillige erfahren hier die Schönheit und Einfachheit des Landlebens. Ihr Aufenthalt wird durch theologische Vorträge, Bibelrunden, eine Freihandbibliothek, landwirtschaftliche und handwerkliche Weiterbildungen bereichert. Der gemeinsame Gottesdienstbesuch stiftet zusätzlichen Zusammenhalt.

Tamar und ihr Mann ziehen mit ihrer Kinderschar von einer verwahrlosten Farm zur nächsten. David findet manchmal für einige Monate Arbeit als Dachdecker. Er betreibt einen wenig erfolgreichen Buchhandel mit Literatur der Distributionisten und trinkt zu viel. Dorothy zeigt lange wenig Verständnis für Tamaras Not und rät ihr in harschen Briefen, nicht ständig zu klagen, sondern die Zähne zusammenzubeissen. Als im Juli 1951 das fünfte Kind der Hennessys auf die Welt kommt und die Familie für ein halbes Jahr auf der Peter Maurin Farm lebt, kommen sich Mutter und Tochter näher. Dorothy sieht, wie ihre Tochter allein die Verantwortung für Haushalt, Landwirtschaft und Kindererziehung trägt. Da sie das Gefühl von Überforderung und Einsamkeit kennt, unterstützt sie ihre Tochter nun öfters. Die gemeinsame Arbeit in der Natur mit Blick auf den Fluss Delaware tut beiden gut. Sie lauschen dem Wind im Apfelbaum und freuen sich, wenn nach einem feurigen Sonnenuntergang der Mond die Umgebung in ein weiches Licht hüllt.

Die Catholic-Worker-Farmen fügen sich ein in die Reihe der Versuche eines nicht-klösterlichen kommunitären Lebens auf christlicher Basis. Viele dieser Gemeinschaften sind Kommunisten zu christlich und Christinnen zu kommunistisch. Dennoch hält Dorothy an der Vision christlicher Kommunitäten fest, die als Graswurzelbewegung eine distributive, dezentrale Ökonomie aufbauen sollen. Sie darf noch miterleben, dass im Zusammenhang mit der Hippiebewegung das kooperative Leben attraktiver wird und junge Menschen sich für Kommunen und Kibbuzim interessieren. Als Jugendliche 1972 in Landkommunen der Catholic Worker ziehen, ist Dorothy überzeugt, dass der prophetische Lebensstil die Aussteiger anzieht. Die Kinder der Gründergeneration stellen fest, dass ihre Eltern der Zeit weit voraus waren, als sie auf den Farmen unter einfachsten Verhältnissen ein nachhaltiges Leben gestalteten, Familienliturgien feierten und das Gefühl hatten, zur Kirche zu gehören und neue Wege zu beschreiten. Überglücklich besucht Dorothy 1975 eine Enkelin, die mit ihrem Baby wie eine Pionierin lebt, und stellt im CW September 1976 fest, dass Peter Maurins Ideen einer grünen Revolution topaktuell seien. Der Ökonom Ernst Friedrich Schumacher favorisiere in seinem Buch SMALL IS BEAUTIFUL eine organische und dezentrale Ökonomie, wie sie bei den Catholic Worker schon lange gelebt werde. Dorothy bedauert jedoch, dass die umweltbewussten, gemeinschaftsbezogenen jungen Menschen die Kraft für ihr kontrakulturelles Leben nicht mehr aus dem katholischen Glauben schöpfen.

13 Kriegszeiten und Friedensinseln

In den 1940er-Jahren hält Dorothy während Peters langer Alzheimererkrankung das Netzwerk der Catholic Worker allein zusammen und verbreitet dessen Theorie und Praxis in ganz Amerika. Nur mit einer Schultertasche, gefüllt mit dem Notwendigsten, bricht sie zu Vortragsreisen auf, nutzt Busfahrten für Gebet und Lektüre, teilt ihr Picknick mit Fremden und setzt ihre Kommunikationsbegabung ein. Nur das Sprechen vor vielen Menschen belastet sie ihr Leben lang. Sie leidet darunter, dass sie wegen ihrer Anspannung oft abweisend und schroff wirkt. Doch weil das Elend der Armen zum Himmel schreit und Dorothy Menschen für ein radikal gelebtes Christentum gewinnen möchte, spricht sie vor Hochseeköchen und Bischöfen, bei Feuerwehranlässen und Frauenkränzchen, in Schulen und Klöstern. Während einer besonders langen Abwesenheit schreibt sie Joe Zarella, der in New York nach dem Rechten schaut, sie sei nun wirklich zur Pilgerin auf Erden geworden, doch sie vermisse Tamar sehr. Es tue weh wie Zahnschmerzen. Mit gemeinsamen Ferien und einem engmaschigen Briefwechsel versucht Dorothy, den Kontakt mit ihrer Tochter zu pflegen.

Das Jahr 1939 ist besonders anstrengend. Neben den Alltagsaufgaben in Mott Street und auf der Farm bewältigt Dorothy Hunderte von Auftritten und schreibt mindestens tausend Briefe. Sie besucht die kranke Mutter in Florida und muss den Tod ihres Vaters verkraften, der sie bis zuletzt als Verrückte bezeichnete. Die Frage, ob sie ihrer dreizehnjährigen Tochter genügend Fürsorge schenke, und Feindseligkeiten aus den eigenen Reihen belasten sie

Abb. 12: Dorothy in den späten 1930er-Jahren

13 Kriegszeiten und Friedensinseln

sehr. Ist sie den einen zu sehr Äbtissin, möchten andere, dass sie Regeln durchsetzt. Dorothy erwähnt 1939 zum ersten Mal Herzbeschwerden. Migräne, Arthritis und depressive Phasen quälen sie ebenfalls. Nach Reisen ist sie oft so erschöpft, dass sie verkündet, sie habe das Herumziehen satt. Doch wenn sie bei ihrer Rückkehr gekappte Strom- und Telefonleitungen und zerstrittene Mitarbeitende antrifft, macht sie sich bald wieder auf den Weg, um Geld zu sammeln und andere Hospize zu besuchen. 1940 notiert sie befriedigt, dass alle 30 Häuser und 11 Farmen der Catholic Worker trotz politischen Meinungsverschiedenheiten und persönlichen Konflikten Gemeinschaftssinn und gemeinsame Ziele hätten.

Die Pazifistin Dorothy steht im Gegenwind

Einzig Dorothys pazifistischer Standpunkt wird nicht von allen Catholic Worker geteilt. Ihre Haltung zum spanischen Bürgerkrieg löst einen Entrüstungssturm aus. Die amerikanischen Katholiken stehen hinter Franco, der seine Rebellion zum heiligen Krieg gegen die gottlosen Atheisten hochstilisiert. Der CW hingegen zeigt mit kriegskritischen Texten aus Europa, dass totalitäre Systeme, die den Kommunismus bekämpfen, auf lange Sicht die Kirche schädigen. Die Zeitung verliert zwei Drittel ihrer Leserschaft, Dorothy wird auf übelste Art verunglimpft, und auch Mitarbeitende bitten sie, ihren pazifistischen Standpunkt aufzugeben. Doch Dorothy orientiert sich an der «Torheit des Kreuzes» (1 Kor 1,18f) und erklärt, wenn Blutvergiessen unumgänglich sei, sage ihr Glaube, dass nur das Vergiessen des eigenen Blutes zum Sieg führe. Überzeugt, dass nur Liebe Gewalt auflösen kann, ruft sie zum Gebet für alle Gequälten in Spanien auf, verurteilt aber jene nicht, die ihrem Gewissen folgend zur Waffe greifen.

Als der Zweite Weltkrieg beginnt, ist Dorothy als Sozialaktivistin eine bekannte Persönlichkeit in Amerika. Die boomende Kriegsindustrie und die drohende Wehrpflicht drängen sie jedoch immer mehr in die Rolle einer pazifistischen Prophetin, die im CW Juli–August 1940 verkündet, Friedensarbeit sei nun das wichtigste

Thema. Dorothy ist überzeugt, dass weder Christenheit noch Zivilisation mit Waffengewalt zu retten seien. Sie lehnt den Eintritt Amerikas in den Krieg ab und eckt mit der Aussage, im Krieg würden alle zu Christusmördern, in Staat und Kirche an. Als sie vernimmt, dass Amerika die allgemeine Wehrpflicht einführen will, reist sie im Juli 1940 nach Washington. An Hearings des Kongresses möchte sie die Möglichkeit eines Zivildienstes für Katholiken durchzusetzen. Da ein katholischer Monsignore dem Senat versichert, seine Kirche betrachte den Kriegsdienst für das Vaterland als Tugend und lehne ihn nur für Geistliche ab, hat Dorothy als Laiin einen schweren Stand. Auf die Frage des Klerikers, ob sie überhaupt das Recht habe, die Katholiken Amerikas zu vertreten, antwortet sie knapp, dass sie für die Laien spreche, und diese müssten in den Krieg ziehen. Sie erklärt, dass die allgemeine Wehrpflicht gegen die amerikanischen Grundrechte der Gewissensfreiheit verstosse, und bittet, dass pazifistisch eingestellte Katholiken sich an Aussagen Christi in der Bergpredigt orientieren dürfen. Als ihr erwidert wird, Menschen, deren Religion Waffenführung verbiete, müssten dem Gesetz nicht folgen, erklärt Dorothy, dass diese Regelung nur Mitglieder der traditionellen Friedenskirchen (Mennoniten, Quäker etc.) schütze, nicht aber Katholiken.

Dorothys Aussagen zeigen, in welcher Spannung sie lebt, wenn sie eine katholische Position der Kriegsdienstverweigerung aufzeigen will. Argumentiert sie biblisch, wird sie in die protestantisch-täuferische Ecke gedrängt. Stellt sie die katholische Lehre des gerechten Krieges infrage, gerät sie in Konflikt mit der Kirche. Deshalb setzt sie ihre Hoffnung auf die in Amerika hochgelobte Gewissensfreiheit. Doch ihr beherzter Einsatz bleibt erfolglos. Die Militärpflicht wird im August 1940 für Katholiken obligatorisch und treibt die Catholic Worker in grosse Not. Dorothys pazifistischer Artikel OUR STAND im CW Juni 1940 und ihr Brief vom 10. August 1941, in dem sie allen Hospizen den gewaltfreien Standpunkt vorschreibt, lösen heftigste Kontroversen aus. Häuser der Gastfreundschaft erhalten nun regelmässig Besuch vom FBI, und Dorothy wird zur Überprüfung ihrer Rechtgläubigkeit öfters ins

Ordinariat zitiert. Am meisten setzt ihr jedoch zu, dass Mitarbeitende ihr vorwerfen, sie spalte mit ihrem autoritären Standpunkt die Bewegung. Das Haus in Chicago, mit den äusserst fähigen Mitarbeitern John Cogley und Tom Sullivan, löst sich vom Mutterhaus in New York und gibt den CHICAGO CATHOLIC WORKER heraus, der die Gewissensfreiheit betont.

Nach dem Angriff der Japaner auf Pearl Harbor am 7. Dezember 1941 schreibt Dorothy erneut einen Brief an alle Häuser. Darin erklärt sie die Bergpredigt zum Manifest der Catholic Worker, betont deren Auftrag als Friedensstifter und beteuert zugleich ihre Treue zur Kirche und ihre Liebe zum einzigartigen Amerika. Sie verweigert sich der antijapanischen Hysterie und hält daran fest, dass auch japanische Menschen ihre Geschwister sind. Als sie im CATHOLIC WORKER über ein japanisches Kind berichtet, das in einem amerikanischen Internierungslager erschossen wurde, weil es über den Zaun kletterte, um seinen Spielball zurückzuholen, wird sie vom staatlichen Zensurbüro in Washington gerügt und auf eine Liste des FBI gesetzt: Wer dort genannt ist, gilt aus gefährlich für das Land und kann in polizeiliche Schutzhaft genommen werden.

Dorothys Haltung bringt Freiwillige in grosse Gewissenskonflikte. Männer, die sich für den Waffendienst entscheiden, und Familienväter, die nach langer Arbeitslosigkeit ihre Familie mit einem Job in der Kriegsindustrie ernähren können, leiden. Dorothy leidet mit. Im CW Dezember 1943 schreibt sie versöhnlich, alle aus der Catholic-Worker-Familie seien ihr ans Herz gewachsen, sie bete für Waffentragende und Dienstverweigerer. Da die 354 katholischen Wehrdienstverweigerer in Gefängnissen oder primitivsten Lagern schwere Zeiten verbringen, unterstützt sie die vom Catholic Worker Arthur Sheehan gegründete Association of Catholic Conscientious Objectors und setzt sich für die Verbesserung der unhaltbaren Zustände ein. Sie schreibt den von ihrer Kirche im Stich gelassenen Pazifisten Briefe, spart sich Rationen vom Mund ab, betet für die Bedrängten und besucht sie.

Mit dem Eintritt Amerikas in den Zweiten Weltkrieg wird die Situation für die 30 Häuser der Gastfreundschaft prekär. Dorothys pazifistische Standpunkt führt zum Spendeneinbruch, die Mitarbeiter sind im Kriegsdienst oder im Gefängnis. Weil Frauen über ihre Kräfte arbeiten, Gastköche und Behinderte einspringen, können zehn Hospize bis zum Kriegsende weiterbetrieben werden. Auch für Dorothy sind die Jahre hart. Glaubensgeschwister werfen ihr vor, sie sei für die katholische Kirche nur noch eine Plage. Oft fühlt sie sich, als hätte sie Federn die ihr eine nach der anderen gerupft werden. Sie intensiviert ihr Gebetsleben, gönnt sich mehr Auszeiten, verteidigt ihre Freiräume und freut sich während der ganzen Woche auf die samstägliche Opernübertragung am Radio. Bei Besuchen in der Kapelle und während Spaziergängen am Meer werden ihre Gedanken leichter, und sie findet einen gnädigeren Umgang mit eigenen und fremden Unvollkommenheiten.

Dorothy vertieft ihre Spiritualität

Die wichtigsten Friedensinseln werden ihr jedoch geistliche Weiterbildungen. 1938 lernt sie die Exerzitien des kanadischen Jesuiten Onesimus Lacouture kennen, sie reist nach Pittsburgh, wo die Patres John J. Hugo und Louis Farina diese Einkehrtage für Laien anbieten. Schweigend verbrachte Fastentage werden unterbrochen durch bibelbezogene Vorträge. Der Jesuit John Hugo legt das Evangelium radikal aus und rät, alles Weltliche abzulegen, um den Himmel zu erlangen. Dorothy, die sich schon als Kind für das Heroische interessierte, ist begeistert von den fordernden Exerzitien. Die trinkfeste Kettenraucherin verzichtet aus Liebe zu den Hungrigen sofort auf Tabak und Alkohol, konzentriert sich aber besonders auf Aussagen Pater Hugos, die von grenzenloser Liebe und der Möglichkeit der Heilungur aller berichten. Sie hat das Gefühl, seine Glaubensschulung könne alle Probleme und Krankheiten kurieren, Menschen stärken und erleuchten. Überglücklich schreibt sie, dass sie den Glauben neu sehe und endlich erlebe, was sie sich bei ihrer Konversion erhoffte. Ihr Christusbild verändert sich grundlegend. Nicht mehr der Sozialreformer, der sich mit den Armen solidarisiert, sondern sein im Gottvertrauen und in der bedingungslosen

Liebe zu den Menschen gegründetes Leben und Sterben wird ihr zum Vorbild. Die Exerzitien verändern auch Dorothys Zugang zu den Werken der Barmherzigkeit. Sie sieht ihre Aufgaben in einem neuen Licht und lernt, dass Aktion ohne Kontemplation in Aktionismus ausarten kann und gute Taten, die Grund und Ziel nicht bei Gott haben, überheblich machen können.

Zum Labour-Day-Wochenende 1940 lädt Dorothy den Lacouture-Schüler Pater Pacifique Roy und die Catholic Worker auf die Maryfarm in Easton ein. Sie eröffnet damit die 25 Jahre dauernde Tradition der berühmten und umstrittenen Retreats, in denen das ABC der Heiligung vermittelt wird. Pater Roy, der einige Jahre auf Maryfarm lebt, deutet die Heilige Schrift als Liebesbrief. Er ist der Auffassung, dass christliches Dasein durchleuchtet sein soll von Gottes Licht und Liebe. Zwei Aussagen des spanischen Mystikers Johannes vom Kreuz lernt Dorothy von ihm kennen: «Liebe ist das Mass, mit dem wir gerichtet werden.» Und: «Wo keine Liebe ist, steck Liebe hinein, und du kannst Liebe herausnehmen.» Sie findet in Pater Pacifique Roy einen spirituellen Begleiter, der im Evangelium den Anruf zu einer revolutionären Lebensweise vernimmt. Er liest mit Hingabe die Messe und ist auch ein guter Elektriker. Ein Tag ohne Handwerk ist ihm ein verlorener Tag. Schreckt Pater Roy mit seiner Begeisterung für Selbstbeherrschung die einen ab, gewinnt er mit Handwerk, Gesang und Humor die Herzen vieler. Für einige Catholic Worker werden die Tage zum Vorgeschmack himmlischer Freuden und eine neue Kameradschaft christlicher Solidarität entsteht. Es gibt jedoch auch Freiwillige, die mit Nostalgie an die Gründungszeiten zurückdenken und sich ärgern, dass die Bewegung spirituel60ller wird. Doch erst als Pater John Hugo 1941 Exerzitien hält, äussern Catholic Worker grosse Einwände. Der Jesuit predigt eine totale Unterwerfung unter den Willen Gottes. Spirituell Geübte akzeptieren seinen asketischen Stil und schmunzeln über seine drastischen Bilder. Doch Freiwillige, die sich auf neue Theologieansätze berufen, lehnen diese Art von Exerzitien ab. Sie erleben Pater Hugo als streng, kalt, zu wenig menschlich. Die Künstlerin Ade Bethune teilt seine Verachtung alles Materiellen nicht und erinnert an die katholische Haltung, die in der Schöpfung das Gute und Schöne sieht. Für Skrupelhafte haben die rigoristischen Exerzitien verheerende Folgen. Einige Catholic Worker werden weltfremd und hart, andere trennen sich in Bitterkeit von Dorothy. Ihr spirituelles Leben ist nun stark vom Jesuiten John J. Hugo beeinflusst. Sie schildert, dass seine Exerzitien ihre Seele erfreuen. Tamar hingegen hat den Eindruck, dass ihre Mutter durch die grässlichen Rückzugstage strikt und religiös konservativ wird.

Wurden die Catholic Worker oft als Utopisten mit überzogenen Idealen verlacht, muss Dorothy nun den Vorwurf der Selbstgerechtigkeit einstecken. Besonders wenn sie überfordert ist, wirkt sie angespannt, kalt, schnippisch und moralisch. Auch gewisse Aussagen aus dieser Zeit sind harte Kost. Sie fühlt sich als Sünderin und Versagerin und versteht, dass die Welt von vielen Strafen heimgesucht wird. Sie ist gewillt, als Bussübung freudvoll Schmerz zu ertragen und grübelt, ob sie wohlige Wärme und Musik geniessen darf, wenn andere Menschen sich nie erholen können. Als wieder einmal das Abtöten natürlicher Neigungen in Lacoutures Exerzitien thematisiert wird und ein Freiwilliger aufgebracht wettert, man müsse ja förmlich durch einen Nervenzusammenbruch gehen, bevor man spirituelle Höhenflüge erleben könne, zeigt Dorothy Einsicht. Um Neulinge auf dem spirituellen Weg nicht zu überfordern, achtet sie nun bei Retreats auf genügend Schlafzeiten, gute Nahrung und eine schöne Umgebung.

Dorothy ist es ein grosses Anliegen, die materielle und geistige Welt miteinander zu verbinden. Wird ihr Jansenismus, Manichäismus, Rigorismus angelastet, weiss sie nicht, was sie unter diesen Begriffen verstehen soll. Als sie vernimmt, dass sie als irre Grenzgängerin bezeichnet wird, von der man die Finger lassen soll, und als einem Priesteramtskandidaten mit Beziehungen zu den Catholic Worker der Zugang zum Theologiestudium verweigert wird, hat sie den Eindruck, dass Menschen, die ihren Glauben intensiv leben wollen, sofort einer Irrlehre bezeichnet würden. Es ist ihr unverständlich, weshalb Pater Hugo auf Anweisung seines Ordensoberen nach 1942 keine Exerzitien mehr halten darf. Für Dorothy ist es kein Widerspruch, um Heiligkeit bemüht die Welt zu gestalten; ihr ist auch bewusst, dass der Himmel nicht verdient werden kann. Da im Neuen Testament die Hinwendung zum Nächsten als Salz und Sauerteig für die Erde und Licht für die Welt geschildert wird, möchte Dorothy aus Liebe zu Gott und den Benachteiligten mit diesen Zutaten das Leben der Ausgegrenzten schmackhafter, luftiger, lichtvoller gestalten. Sie schreibt im CW Februar 1940:

> «Wir versuchen mit Aktionen auszudrücken, ‹Dein Reich komme im Himmel, wie auf Erden›.»

Doch der Einsatz für die Obdachlosen, die Auseinandersetzungen in der Bewegung und eine pubertierende Tochter zerren an Dorothys Kräften.

Dorothy nimmt sich eine Auszeit

Sie kündet im CW September 1943 ein Sabbatjahr an und erklärt, sie brauche in der konfliktreichen Situation mehr Ruhe für Sammlung und Gebet und freue sich auf viel Zeit mit Tamar. Schwester und Schwägerin haben seit Langem den Eindruck, Dorothy vernachlässige ihr Mädchen, und bemängeln ihr Aufwachsen in einem Haus der Gastfreundschaft. Als Tamar von jungen Männern umworben wird, fragt sich Dorothy, ob sie ihr zu wenig Liebe geschenkt habe. Tamar erinnert sich aber an eine fröhliche Kindheit in ihrer unkonventionellen Familie und berichtet liebevoll vom Zusammenleben mit den Obdachlosen und der Fürsorge von älteren Mitarbeitenden, die sie wie Grosseltern betreuen. Sie leidet zwar unter dem Chaos, doch erst in der Pubertät ist die Beziehung zwischen Mutter und Tochter angespannt. Dorothy schickt die scheue Tamar in verschiedene Internate, fordert sie streng zum regelmässigen Briefkontakt auf, nimmt aber Tamars Interesse für Natur und Biologie nicht wahr, sondern gibt ihr Heiligenbücher zur Lektüre. Als sich die 16-Jährige in den 13 Jahre älteren Catholic

Worker David Hennessy verliebt, erzwingt Dorothy die Trennung. Tamar, die gerne das Gymnasium besuchen möchte, wird zu Ade Bethune geschickt, um Kunsthandwerk zu lernen. Sie verbringt im künstlerischen Umfeld glückliche Wochen und wird zeitlebens die Weberei lieben. Doch als Dorothy sieht, dass sich Tamar nicht von ihrer jungen Liebe abbringen lässt, muss diese ihre Mutter im Herbst 1943 in eine Weiterbildungsstätte für Katholikinnen begleiten. Anschliessend reisen die beiden Frauen nach Long Island, wo Dorothy ihre Tochter zur Vorbereitung auf die baldige Ehe in einer Bäuerinnenschule angemeldet hat. Sie selber mietet in einem Dominikanerinnenkloster in der Nähe ein Zimmer, wo sie nach einem von Pater Hugo aufgestellten Programm lebt. Er hat ihr vorgegeben, sich aus Öffentlichkeits- und Führungsaufgaben zurückziehen, um dienend und betend ein verborgenes Leben zu führen.

Dorothy sieht sich als Reformerin und Protestierende und ärgert sich über dieses Frauenbild; ihr wird auch klar, dass die von Pater Hugo eingeforderte strikte Einsamkeit ihre Spiritualität nicht beflügelt. Bei Treffen mit Tamar und wöchentlichen Ausflügen zu ihrer Mutter Grace spürt sie einmal mehr, dass sie ein Gemeinschaftswesen ist. Als Melancholie und Depression sie heimsuchen, überlegt sie den Wechsel ihres Seelenführers. Im März 1944 kehrt Dorothy ins St.-Joseph-Haus zurück und teilt mit, sie nehme ihre Aufgaben als Herausgeberin und ihre Mutterpflichten für die Bewegung wieder auf. Neben ihrer Tochter sei ihr die Arbeit für Zeitung und Obdachlose das Liebste auf Erden. Tamar heiratet schliesslich im April 1944, kurz nach ihrem 18. Geburtstag. Dorothy ist nicht glücklich über die frühe Liebe ihrer Tochter zum bücherliebenden Dachdecker. Als sie aber sieht, wie das Paar in ständig wechselnden prekären Wohnverhältnissen selbstversorgt lebt und die Ideale der grünen Revolution umsetzt, findet sie freundlichere Worte für den Schwiegersohn. In den folgenden Jahren wächst die Familie schnell, hat oft Mühe, genug Essen auf den Tisch zu bringen und das Haus warmzuhalten. Um der Familie beizustehen, kommen Dorothy und Stanley Vishnewski oft auf Besuch und helfen, wo sie können.

Der Abwurf der ersten Atombombe am 6. August 1945 brennt sich in Dorothys Gedächtnis ein. Sie ist entsetzt, dass Präsident Truman über das bombardierte Hiroshima jubiliert und Gott für den Tod von 318 000 Japanerinnen und Japanern lobt. Unverständlich ist ihr auch Kardinal Spellmans Segen für den Mann, der per Knopfdruck die Atombombe auslöste. Aus ihrer Sicht sollte eine Segnung das Bewusstsein vertiefen, die Materie so zu nutzen, dass sie dem Leben dient und Gott ehrt. Die Atomkraft interpretiert sie als teuflische Versuchung und den Abwurf der Atombomben als Todsünde, die nicht zu vereinbaren ist mit der Lehre Jesu. Im CW September 1945 schreibt sie, bis nach New York werde man die Asche der verbrannten japanischen Geschwister einatmen. Ihr Vorschlag, alle Atomwaffen zu zerstören, löst bei Katholiken heftige ablehnende Reaktionen aus.

Das Kriegsende lässt die Catholic Worker nicht jubeln. Man weiss um zu viel Leid und fragt sich, wer nach traumatischen Erlebnissen wieder in einem Hospiz arbeiten mag. In New York kann Dorothy auf Tom Sullivan, Bob Ludlow und Irene Naughton zählen. Sie bereichern mit ihrem Schreibtalent die Redaktionsstube und sind mit Tatkraft und Lachen überall im Haus anzutreffen. Auch Jack English ist ein guter Herausgeber der Zeitung, die wieder eine Auflage von 60 000 Stück errungen hat. Doch seine Erfahrungen in rumänischer Kriegsgefangenschaft haben ihn zerrüttet, er sucht bei den Trappisten Heilung. Der von Dorothy sehr geschätzte Gerry Griffin kann nach dem Krieg ihre weibliche Führungsrolle nicht mehr akzeptieren. Als er 1947 das St.-Joseph-Haus verärgert verlässt, schreibt sie ihm, dass sie daran gewöhnt sein sollte, von Männern im Stich gelassen zu werden. Sie habe sich immer zu sehr nach menschlicher Liebe gesehnt, doch leider viel männliche Selbstsucht erlebt. Diese Worte lassen tief in Dorothys verletzte Seele blicken.

14 Ammon Hennacy (1893–1970)

Als Peter Maurin am 15. Mai 1949 stirbt, berichten der Osservatore Romano und das Time Magazine, dass Tausende zu seinem Sarg gepilgert seien mit der Gewissheit, sich von einem Heiligen zu verabschieden. Das Herz seiner Botschaft – die freiwillige Armut und die Werke der Barmherzigkeit – lebe jedoch in der Catholic-Worker-Bewegung weiter.

Kurz nach Peters Tod trifft Dorothy auf einer Busreise den Anarchisten Ammon Hennacy. Der 1893 im ländlichen Ohio geborene Enkel einer Quäkerin ist baptistisch getauft und hat den Militärdienst in beiden Weltkriegen verweigert. Im Ersten Weltkrieg findet er während monatelanger Einzelhaft durch Bibellektüre zu einem religiös motivierten Pazifismus. Er fühlt sich dem rebellischen Jesus verbunden und betont, dass sein Gott nichts mit dem bourgeoisen Gott der meisten Christgläubigen gemein habe. Überzeugt von der jesuanischen Aussage, dass Gottes Reich im Inneren des Menschen zu finden sei, lehnt er institutionalisierte Religion ab. Für ihn kann die Welt nur durch die Herzensrevolution Einzelner verändert werden. Ein Christ ist für ihn jemand, der sich in der Nachfolge Christi ohne Gewehr und Stimmzettel, nur mit seinem Lebenszeugnis, für eine friedlichere Welt einsetzt.

Dorothy bewundert und verteidigt den Seelenverwandten, der zu einem einflussreichen Mann in ihrem Leben wird. Er unterstützt Dorothys pazifistischen Standpunkt und trägt zu ihrer Radikalisierung bei. Auch Ammon ist tief beeindruckt von Dorothy und setzt alles daran, ihr Herz zu gewinnen. Er schreibt ihr Valen-

Abb. 13: Ammon Hennacy

tinskarten, schenkt ihr Süssigkeiten und beginnt sich für Dorothys Religion zu interessieren, obwohl er die hierarchische Struktur und kriegsfreundliche Haltung der römisch-katholischen Kirche hart kritisiert. In einem Brief erklärt Dorothy ihrem Verehrer, dass ihr die Kirche alles bedeute, doch sie würde ihn nie zur Konversion drängen, da sie den Eingriff in den freien Willen des Menschen als Blasphemie empfinde. Als Ammon 1952 ins Haus der Gastfreundschaft nach New York kommt und Katholik wird, fällt es Dorothy schwer, dem Werben des attraktiven, engagierten Mannes zu widerstehen. Er reagiert bitter auf ihre Ablehnung. Dennoch bleibt Dorothy dem unermüdlichen Kämpfer für Gerechtigkeit zutiefst verbunden und beschreibt ihn als solidarischen Menschen, der Kraft für seine Ein-Mann-Revolution in seiner Verbundenheit mit Gott gefunden habe. Wenn er sich ausfällig über Kleriker äussert, mahnt Dorothy, nur auf seine Taten zu achten. Es gäbe unterschiedliche Berufungen, Ammon schreie wie Johannes der Täufer in der Wüste. Niemand könne ihm das Wasser reichen, doch von seiner Berufung solle man sich nicht einschüchtern lassen. Dorothy bewundert Ammons Schaffenskraft und Opferbereitschaft und sorgt sich um seine Gesundheit, wenn er als Sühne für den Abwurf der Atombomben wochenlang vor der Atomenergiekommission in Washington fastet. Jugendliche sind beeindruckt von seinen medienwirksamen Aktionen, die ihn dreissig Mal ins Gefängnis bringen. Während seiner Jahre im Haus der Gastfreundschaft in New York (1952–1961) bringt er frischen Wind in die Bewegung. Er löst eine neue Welle des Aktivismus aus und dominiert in den 1950er-Jahren als Gandhi-Schüler den zivilen Widerstand der Catholic Worker. 1961 verlässt er New York, um mit einer jungen Frau in Salt Lake City ein Hospiz zu eröffnen. Sein Wegzug ist ein herber Verlust für Dorothy, in deren Gesicht sich nun deutlicher die Spuren eines harten Lebens zeigen. Aus der Ferne verfolgt sie dankbar, dass Ammon, der wieder aus der Kirche ausgetreten ist, seinen Idealen treu bleibt. Er stirbt 1970 während eines langen Hungerstreiks gegen die Todesstrafe an den Folgen einer Herzattacke. Dorothy fliegt zur Beerdigung nach Utah und schreibt in ihrem Nachruf, dass Ammon aus einer evangelischen Haltung der freiwilligen Armut die katholische Kirche kritisierte, mit seinem Lebenszeugnis die Sache aber auf den Punkt gebracht habe.

15 Kapitalismuskritik und ziviler Widerstand

Dorothy Day betrachtet die Unrechtsverhältnisse zwischen Armen und Reichen als einen Krieg, den man nicht wahrhaben will. Arbeitende in Fabriken sterben wegen mangelnder Sicherheitsvorkehrungen, Streikende werden verletzt und umgebracht, und Arbeitslose verhungern. Dennoch stellen die meisten katholischen Immigranten das kapitalistische System nicht infrage. Als billige und willige Arbeitskräfte ausgebeutet, erhoffen sie Aufstieg und Anerkennung durch harte Arbeit und Anpassung. Es ärgert Dorothy, dass die katholische Kirche Amerikas auf die Not der Arbeiterschaft nur mit karitativem Einsatz reagiert. Sie will nicht Almosen für die Armen, sondern fordert Recht und Gerechtigkeit für die Leidtragenden des kapitalistischen Systems und wünscht sich einen Klerus, der sich mit der Arbeiterfrage beschäftigt. Und wenn fromme Frauenkränzchen Dorothy vorwerfen, ihr Einsatz für Gewerkschaften untergrabe die Arbeitsmoral der Armen, die sowieso zu viele Kinder hätten, packt sie die Wut über so viel Unrecht und Lieblosigkeit.

Als Wirtschaftsboom und Patriotismus die Angst vor der «roten Gefahr» nähren, stehen die Catholic Worker mit ihrer Kapitalismuskritik und ihrem einfachen Lebensstil quer in der Landschaft. Schon 1938 hat Dorothy in FROM UNION SQUARE TO ROME klar gemacht, dass es die Kommunisten waren, die ihr halfen, Gott in den Armen zu finden. Den Kommunismus als materialistische und antichristliche Lehre lehnt sie nun ab, kommunistische Gesinnte betrachtet sie aber weiterhin als ihre Geschwister.

Ihrem linken Freundeskreis hält sie auch die Treue, als es unter Joseph McCarthy, einem katholischen Senator der Republikanischen Partei, zur Kommunistenhetze kommt, bei der 6 Millionen Menschen in den USA bespitzelt werden. Michael Harrington, der 1951 für zwei Jahre nach 221 Chrystie Street kommt, bewundert, wie Dorothy mit Kommunisten auf der Bühne diskutiert, sich für Elizabeth Gurley Flynn, die engagierte Gewerkschafterin und Vorsitzende der kommunistischen Partei Amerikas, einsetzt und 1953 den amerikanischen Präsidenten Dwight Eisenhower vergeblich um das Leben des kommunistischen Paares Julius und Ethel Rosenberg bittet, das wegen angeblich russischer Spionage zum Tode verurteilt wurde. Die meisten Katholiken unterstützen McCarthy, wohl auch weil Papst Pius XII. katholischen Kommunisten und ihren Sympathisanten mit Exkommunikation droht. In Amerika trägt ihre antikommunistische Haltung zur Integration der katholischen Bevölkerung bei, doch als McCarthy 1954 zu Fall kommt, hinterlässt er der katholischen Kirche in den USA die Überzeugung von der Unvereinbarkeit von Katholizismus und linkem Gedankengut. Dorothy ist froh, dass der Erzbischof von Paris, Maurice Feltin, und der Philosoph Jacques Maritain zum Dialog mit den Kommunisten anregen. Als der Kalte Krieg die Welt in zwei Hälften teilt, die sich gegenseitig mit Atombomben bedrohen, und die katholische Presse die Russen verschärft als blutgierige Monster darstellt, erinnert Dorothy an die jüdisch-christliche Auffassung, dass alle Menschen im Angesicht Gottes geschaffen sind.

Dorothy sieht, dass ihre Jugendträume von einer besseren Welt in Russland zerschellen, trotzdem bleibt sie bei ihrer Kapitalismuskritik. Als sie 1951 aufgefordert wird, Einkommenssteuern zu bezahlen, schreibt sie der Behörde, sie habe keinen Lohn, führe keine Buchhaltung und orientiere sich am Pazifismus der Bergpredigt. Doch sie spare dem Staat viel Geld, weil die Opfer eines kapitalistischen Finanzsystems in Häusern der Gastfreundschaft gratis genährt und behaust würden. Da Dorothy zur selben Zeit von der bischöflichen Kanzlei aufgefordert wird, wegen Kapitalismuskritik im CATHOLIC WORKER das Wort katholisch zu streichen oder die

Abb. 14: Dorothy Day und Ammon Hennacy verweigern die obligatorischen Zivilschutzübungen

Publikation einzustellen, verdächtigt sie hinter dem Ansinnen eine Aufforderung des FBI. In ihrem Antwortbrief erklärt sie, die Schliessung einer Zeitung, die sich eine Auflage von 63 000 Exemplaren und eine weltweite Leserschaft aufgebaut habe, würde ein schlechtes Licht auf die Kirche werfen. Die Kapitalismuskritik sei übrigens kein neuer Gedanke. Schon Papst Pius XI. habe sich dazu geäussert, und auch der OSSERVATORE ROMANO habe den gottlosen Kapitalismus als schlimmes Krebsgeschwür beschrieben. Kleriker, die ihn verteidigten, würden jedoch nie gerügt.

THE CATHOLIC WORKER erscheint weiter, ändert weder Namen noch Kurs, und Dorothy hört nichts mehr von der Erzdiözese. Sie vermutet, dass Kardinal Spellman und seine Mitstreiter sich nicht auf eine Auseinandersetzung einlassen wollten, weil sie ahnen, dass ein Aufruf im CW Strassen und Kirchen New Yorks mit betenden Menschen füllen würde. Aber die Anfeindungen belasten Dorothy. Reisen und Askese haben sie erschöpft und zwei Unterleibsoperationen, Kopfschmerzen und Arthritis setzen ihr zu. Sie durchlebt eine sehr fromme Phase und erträgt keine Kritik an den strengen Exerzitien. Obwohl sie jeden Morgen zwei Stunden in der Kirche weilt und auch den Abend in der Kapelle verbringt, entwickelt sie massive Schlafstörungen. Im Tagebuch beschreibt sie sich als Nervenbündel. Davon steht in ihrer im Januar 1952 veröffentlichte Autobiografie THE LONG LONELINESS jedoch kein Wort. Ihr wohl einflussreichstes Werk erhält gute Besprechungen; eine CBS Radiosendung und ein doppelseitiges Portrait von Dwight MacDonald im THE NEW YORKER im selben Jahr steigern ihre Bekanntheit zusätzlich. Als 1953 Eugene O'Neill stirbt und Gerüchte über Dorothys Liebesleben kursieren, stellen Catholic Worker erstaunt fest, dass die Gründerin der Bewegung in jungen Jahren nicht nur mit der ganzen linken Elite sondern auch mit einem einflussreichen und staatskritischen Künstlerkreis vertraut war.

Dorothy bleibt auch nach ihrer Konversion anarchistischem Gedankengut verbunden. Mit der Eröffnung eines «gemischtrassigen» Hauses 1940 in Baltimore widersetzen sich die Catholic Worker dem staatlichen Gebot der Rassentrennung. Im CW September 1946 beschreibt Dorothy, mit Berufung auf Thoreau, Tolstoi und Gandhi, den leidensbereiten Widerstand, der den Gegner nicht verhöhnt, sondern sein Herz gewinnen möchte, als die Waffe der Starken. Doch es ist Ammon Hennacy, der den zivilen Ungehorsam ins Zentrum der Catholic-Worker-Bewegung führt.

Dorothy Day kritisiert die atomare Aufrüstung

In den 1950er-Jahren wird die Atomkraft zum neuen Profilierungsgebiet der Catholic Worker. Dorothys harsche Kritik an der amerikanischen Führung, die mit Steuergeldern Wasserstoffbomben testen lässt, gefällt dem Grossteil der amerikanischen Bevölkerung aber nicht. Nur wenige Gläubig teilen ihre Auffassung, dass ein christliches Bekenntnis lebensverändernde Konsequenzen hat. Im CW April 1954 schreibt sie:

> «Die Tatsache ‹den Glauben› zu haben, die Sakramente zu empfangen, ist nicht genug. Die Jesusworte ‹Was ihr den Geringsten getan habt, das habt ihr mir getan› sehen heute mit Napalm, Nervengas, Hydrogenbomben ganz neu aus.»

Da ihr alle Menschen im Bild Gottes geschaffene Geschwister sind, lehnt es Dorothy ab, wenn im Kalten Krieg Angst und Hass geschürt werden. Sie weigert sich auch, von ihr als lächerlich empfundene Schutzmassnahmen gegen potenzielle russische Atomwaffenangriffe einzuüben, beispielsweise sich unter einen Tisch zu kauern.

Als am 15. Juni 1955 die Sirenen in New York den Beginn der staatlich verordneten Zivilschutzübung anzeigen, marschieren Dorothy, Ammon und weitere Friedensbewegte mit Ralph DiGia von der War Resisters League, Kent Larrabee von der Fellowship of Reconciliation und Abraham Johannes Muste von Peacemakers zum Stadthauspark und setzen sich nieder. Während der Verhaftung hält Dorothy ihr Plakat mit den Worten «Im Namen Jesu, der Gott ist, der Liebe ist» fest. Vor laufenden Fernsehkameras erklärt sie, Jacques Maritain habe dazu aufgefordert, die im Glauben gegründete Berufung zu leben und sich in die Welt einzumischen, um Zeugnis abzulegen für den Geschmack des Christentums. Die Widerständigen werden in Polizeiwagen gestossen und müssen in überfüllten Zellen auf eine nächtliche Verhandlung warten. Angeklagt, mit ihrem Verhalten das Leben von drei Millionen New Yorkern gefährdet zu haben, werden sie gegen Kaution freigelassen. Dorothy akzeptiert die für sie gesammelte Kaution nur, weil Tamar im Sommer ihr siebtes Kind erwartet und Hilfe dringend nötig hat. Während der Gerichtsverhandlung im Herbst erklären sich Dorothy und Ammon für schuldig. Sie hätten bewusst gegen staatliche Gesetze verstossen, doch der Gehorsam gegenüber Gott sei dem Gehorsam gegenüber Menschen vorzuziehen.

Die Verweigerung der Zivilschutzübung bewirkt viel mediale Aufmerksamkeit. Nur COMMONWEAL berichtet positiv über das mutige Zeichen des Boykotts, die übrige katholische Presse schreibt, die katholischen Arbeiter hätten wieder einmal Schande über die Kirche gebracht. Dorothy nutzt den Medienhype, um weltweite Beziehungen zu Friedensbewegten zu knüpfen. Ihren 60. Geburtstag verbringt sie 1957 mit einer Gebetsmahnwache gegen Atomwaffentests in Washington. Es wird zum jährlichen Ritual, die Zivilschutzübungen zu verweigern – und die Gefängnisstrafen dafür werden härter. Deshalb hat Dorothy den Eindruck, der Staat nehme die Friedensbewegten ernst. Dennoch dreht es ihr fast den Magen um, als sie 1959 eine halbjährige Haft befürchtet, weil sie unter besonderer Beobachtung steht: Dem FBI fiel nämlich auf, dass sie im CATHOLIC WORKER einen Mitarbeiter lobte, der einem gesuchten Kriegsdienstverweigerer zur Flucht verholfen hatte.

Dorothy ist dankbar, dass sie trotz ihrer staatskritischen Berichterstattung nur eine kurze Gefängnisstrafe erhält. Nach deren Verbüssung reist sie umgehend zu ihrer Tochter, die mit 34 Jahren ihr neuntes Kind bekommt. Die Familie lebt seit 1957 auf einer alten Farm in Vermont. Die psychischen Probleme und die Alkoholsucht von Tamars Mann David haben sich verschärft. Die

Teenager umsorgen ihre jüngeren Geschwister und sind froh um die verlässliche Hilfe ihrer Grossmutter, die hilft, wo sie kann. Sie hat schon ihre betagte Mutter in Florida bis zu ihrem Tod im Oktober 1954 betreut und auch Forsters Gefährtin Nanette bis zum letzten Atemzug im Januar 1960 begleitet. Doch neben ihren Fürsorgeaufgaben protestiert sie auch 1960 gegen die Zivilschutzübungen. Diesmal sind es tausend Menschen, die vor dem New Yorker Rathaus WE SHALL OVERCOME singen. Als im folgenden Jahr doppelt so viele Widerständige die Übungen verweigern, werden sie abgebrochen.

Dorothy kritisiert einen Staat, der seine Bürgerinnen und Bürger im Krieg zu Handlungen zwingt, die mit dem freiheitlichen amerikanischen Ideal der Gründergeneration ebenso unvereinbar sind wie mit einer christlichen Grundüberzeugung. Ihr ist schon lange klar, dass die Bevölkerung in einem demokratischen Staat Macht hat. Kriege können nur geführt werden, solange das Militärbudget akzeptiert und finanziert wird. Karl Meyer, katholischer Konvertit und Sohn eines Kongressabgeordneten aus Vermont, führt die Gruppe derer an, die Steuern für Militärausgaben verweigern. Auch Dorothy fordert dazu auf, die staatlichen Steuern zu boykottieren, weil im März 1960 die Militärausgaben 85% des staatlichen Budgets betragen. Als die Steuerverweigerer erbarmungslos bestraft und sogar aus ihren Häusern vertrieben werden, erinnert Dorothy an Peter Maurin, der auf steuerrelevante Lohnarbeit verzichtete, seine Arbeitskraft gratis zur Verfügung stellte und die täglichen Bedürfnisse erbettelte. Sie selber lebt über Jahrzehnte nach diesem Prinzip.

16 Umbruchzeiten in Staat und Kirche

Lange bevor die Bürgerrechtsbewegung, der Vietnamkrieg und das Konzilsgeschehen Amerika beschäftigen, kritisiert Dorothy Missstände in Kirche und Staat. Sie beschreibt die amerikanische Gesellschaft als verfilztes, verrottetes System, dessen imperialistische, unmoralische Ökonomie auf Gewinnsucht und Waffenproduktion beruhe. In Fragen rund um Armut, Krieg und Frieden leidet sie an der sichtbaren Kirche und bleibt ihr dennoch treu, weil sie auch um die unsichtbare Kirche weiss. Unzählige Male zitiert sie Romano Guardinis Aussage, dass die Kirche ein Kreuz sei; doch man könne Christus nicht von seinem Kreuz trennen. Dorothy liebt die Kirche trotz allen Mängeln und weist junge Catholic Worker scharf zurecht, wenn sie die Kirche lächerlich machen. Nach der Besprechung ihres Buches THE LONG LONELINESS schreibt sie an Ammon Hennacy, sie hasse es, als Knüppel benutzt zu werden, der die Kirche und deren Hierarchie schlage. Sie verstehe sich als loyale Katholikin und hoffe, dies bis ans Ende ihrer Tage bleiben zu können.

Als junge Erwachsene gehörte Dorothy zur Avantgarde, die das bürgerliche Leben infrage stellte. Nun zieht sie mit ihrer staatskritischen Haltung, ihrem unkonventionellen Lebensstil und ihrem offenen, dialogbereiten Wesen junge Menschen an, die eine Technisierung und Militarisierung der Welt hinterfragen. Die durch die Catholic Worker ausgelösten Formen des katholischen Widerstandes lösen kreative Prozesse aus und inspirieren auch Kunstschaffende. Norman Mailer, Wystan Hugh Auden, Robert

Duncan und die Beatniks Gary Snyder, Allen Ginsberg und William S. Burroughs unterstützen THE CATHOLIC WORKER und protestieren teilweise an Dorothys Seite. Als die Hippie-Bewegung eine Sehnsucht nach der vermeintlich heilen Welt auf dem Land auslöst, werden Catholic-Worker-Häuser mit ihrem kontrakulturellen Lebensstil zum Mekka für Aussteiger und Idealistinnen.

Dennoch blickt Dorothy nicht verklärt auf die 1960er-Jahre zurück. Durch ihre rege Tätigkeit als Rednerin erlebt sie die Proteste der Studierenden aus nächster Nähe. Sie teilt die Kritik an Zuständen, die ihr schon lange ein Dorn im Auge sind, kann sich gut in Menschen einfühlen, die ihrem Leben Sinn und Richtung geben wollen, und gibt den idealistisch Gestimmten zu verstehen, dass sie mit ihrem Denken und Tun zu mehr Gerechtigkeit und Frieden auf der Welt beitragen können. Dorothys Einsätze für soziale Gerechtigkeit und Frieden gründen in der hoffnungsvollen christlichen Botschaft. Doch als sie bei einem Vortrag am 17. März 1960 in einem randvollen Saal der Universität Berkeley begeistert empfangen wird, gesellen sich zu den religiös motivierten Pazifisten auch staatskritische Aktivisten aus politischen Gründen. Mit Sorge verfolgt Dorothy die Zügellosigkeit und den Drogenkonsum der Beat- und Hippiegeneration. Sie beobachtet, wie Studierende und Kunstschaffende nihilistischem Gedankengut verfallen, und vermutet, dass sie die Hoffnung auf eine gute Zukunft verloren haben. Dorothy kann nachvollziehen, dass der mit ihr befreundete Allen Ginsberg in seinem berühmten Gedicht HOWL beschreibt, wie er die hellsten Köpfe seiner Generation am Wahnsinn zerbrechen sah, versteht aber nicht, dass er den Tod glorifiziert. Sie ist total fürs Leben; für das Leben in dieser Welt und im Jenseits. Doch als die Kriegsverbrechen von CIA und FBI in Vietnam bekannt werden und eine massive Misstrauenskrise gegenüber jeglichen Autoritäten auslösen, wankt auch Dorothys Führungsposition. Junge Gäste, die sie zur Mitarbeit auffordert, respektieren sie nicht mehr und lachen sie aus, weil sie asketisch lebt und die Sexualmoral der katholischen Kirche verteidigt. Dorothy, die für junge Erwachsene politisch und sozial lange eine Vorbildfunktion innehatte, fühlt sich von den sexuell freizügigen Jugendlichen unverstanden. Als einige von ihnen in Wohnungen der Catholic Worker leben und ein Heft herausgeben, das mit unflätigen Wörtern und Zeichnungen den CATHOLIC WORKER verhöhnt, setzt sie in einer beeindruckenden Performance alle vor die Tür. Sie, die nie ausgrenzt und zwingt, greift hart durch, wohl auch, um eine Auseinandersetzung mit kirchlichen Stellen zu vermeiden, die der ganzen Bewegung geschadet hätte.[5]

Durch die angeheizte politische Situation und den aufkommenden Wohlstand wird Armut zunehmend marginalisiert. Michael Harrington, dem die Begegnung mit Dorothy die Augen für das unsichtbare Land des armutsbetroffenen Amerikas geöffnet hat, veröffentlich 1962 das bahnbrechende Buch THE OTHER AMERICA. Darin beschreibt er, wie Millionen Bürgerinnen und Bürger im reichen Amerika ungewollt und unbeachtet in einer Kultur der Armut leben. Im Jahr darauf schildert Dorothy in LOAVES AND FISHES das Zusammenleben der Catholic Worker mit diesen Ausgegrenzten. Unter den vorgestellten Armutsbetroffenen sind auch Farbige.

Bürgerrechtsbewegung

Lange vor Martin Luther King engagiert sich Dorothy für die Würde von Menschen jeglicher Couleur. In Zeiten, als Farbigen und Hunden das Betreten einer katholischen Kirche verboten wird, veröffentlicht Dorothy in der Erstausgabe des CATHOLIC WORKER

---

5 In Dorothys Schriften ist ein komplexes Verhältnis zu Sexualität zu entdecken. Sie befürwortet Sinnlichkeit am richtigen Platz, beschreibt Sexualität als eine von Gott gewollte Freude für den Menschen und erklärt Mitarbeitenden, wer die intime Beziehung zwischen Mann und Frau nicht verstehe, könne auch die Beziehung zwischen Gott und Mensch nicht begreifen. Sie kritisiert die Verteufelung der Sexualität, doch stört es sie, wenn Menschen jegliches Gefühl für Scham und Schuld ausgeredet wird. Während einige Freiwillige rätseln, weshalb die leidenschaftliche Dorothy die patriarchalen Muster und die enge Sexualmoral der katholischen Kirche übernimmt, achten andere diesen Ansatz als Treue zur kirchlichen Lehre und als Widerstand gegenüber dem Zeitgeist.

einen Artikel über die Ausbeutung der Schwarzen. Sie bittet «people of color» um Beiträge für die neue Zeitung, macht von Beginn an klar, dass sie Arbeiterinnen und Arbeiter unabhängig von ihrer Hautfarbe ansprechen möchte, und erklärt – mit Berufung auf die Gottebenbildlichkeit und die Verbundenheit aller Menschen im geheimnisvollen Leib Christi – Segregation als sündhaft. Der schwarze Arzt und Bürgerrechtler Arthur Falls ist beeindruckt von Days Offenheit und regt an, auf der Frontseite der Zeitung einen schwarzen und einen weissen Arbeiter in Jesu Armen abzubilden. Er wird der erste afro-amerikanische Catholic Worker und Gründer eines Hospizes in Chicago.

Dorothy Day und ihre Freundin Catherine de Hueck (die Gründerin der Friendship-House-Bewegung) gelten weithin als grosse Figuren der Bürgerrechtsbewegung. Mutige Idealisten, die als «nigger-lovers» beschimpft werden, leisten gemeinsam mit diesen Frauen Pionierarbeit auf dem Gebiet der Rassengleichheit. Dorothy unterstützt 1934 ein katholisches rassenverbindendes Treffen und wird in eine Kommission gewählt, bei der sich Schwarze über diskriminierende Erfahrungen in Kirchen, Schulen, Institutionen beklagen können. Peter richtet in Harlem einen Kulturtreffpunkt für Farbige ein. Ade Bethune und Julia Porcelli unterstützen dort Kinder im künstlerischen Gestalten, und wenn die Hitze in der Stadt unerträglich wird, fahren sie mit ihren Schützlingen und Tamar auf Staten Island. Als Dorothys Strandhaus einem Brand zum Opfer fällt, ist Julia Porcelli überzeugt, dass das Feuer aus Hass gegen die Farbigen gelegt wurde.

Auf Reisen in den Süden des Landes sieht Dorothy Schreckliches. Sie beschreibt im CW April 1936 die miserable Behandlung schwarzer Erntearbeiter, und obwohl sie als Kommunistenhure beschimpft wird, schildert sie im CW Mai 1942 und März 1943 neben dem Elend der farbigen Landbevölkerung auch das Terrorregime des Ku-Klux-Klans. Im CW April 1952 bezeichnet sie die von der Kirche geduldete Ausgrenzung und brutale Behandlung von Dunkelhäutigen erneut als Verstoss gegen das göttliche Liebesgebot und als himmelschreiende Sünde; den

Bischöfen wirft sie vor, deren Schweigen fördere das Teufelswerk der Rassendiskriminierung.

Dorothy bewundert die mutige Putzfrau Rosa Parks, die mit ihrem Sitzstreik am 1.12.1955 in Montgomery die gewaltfreie Bürgerrechtsbewegung auslöst. Sie unterstützt alle, die trotz hasserfüllten Telefonanrufen und Bombendrohungen mit «people of color» Freundschaft pflegen, und ist dabei, als Pastor King im August 1963 seine berühmte Rede I HAVE A DREAM hält. Zusammen mit dem Bürgerrechtsaktivisten Pater La Farge SJ beschreibt sie einschüchternde Kleriker und unterwürfige Laien als grösstes Problem der katholischen Kirche Amerikas und ruft im CW Juli–August 1964 die Leserschaft zu direkten Aktionen auf, die wirkungsvoller seien als Briefe an die kirchliche Obrigkeit. Dorothy ist überzeugt, dass Bewegung in die Rassenfrage käme, würden hellhäutige Katholiken dunkelhäutigen Menschen Arbeit und Unterkunft geben. Im Bewusstsein, dass solche Aktionen Widerstand auslösen können, unterstützt sie Catholic Worker, die trotz massiver Polizeigewalt beim Protestzug von Selma nach Montgomery im März 1965 für die Vision eines Landes demonstrieren, in dem alle Menschen mit erhobenem Haupt als Kinder Gottes und Geschwister leben können.

Pilgerin für den Frieden und Reisen nach Rom 1963 und 1965

Dorothy setzt sich früh für einen weltumspannenden Frieden ein, sie knüpft und pflegt Kontakte zu unterschiedlichen Friedensgruppen. Als Radikale arbeitet sie 1917 bei der Anti Conscription League, ab den 1930er-Jahren bei der von einem Quäker und einem Lutheraner gegründeten Fellowship of Reconciliation. Sie verweigert gemeinsam mit der 1923 gegründeten War Resisters League und dem American Friends Service Committee die Zivilschutzübungen und kämpft mit Peacemakers und der Women's international League for Peace and Freedom für den Weltfrieden. Wie die meisten amerikanischen Friedensbewegten hat Dorothy einen protestantischen Hintergrund. Erst im Gespräch mit dem katholischen Litauer Stanley Vishnewski entdeckt sie, dass ihr der Widerstand gegen den Staat leichter fällt, weil sie mit dem Selbstverständnis aufwuchs, zur herrschenden Klasse zu gehören. Dorothy hat früh Kontakt zur 1945 in Frankreich gegründeten Friedensbewegung Pax Christi und unterstützt 1962 Bill Callahan bei der Gründung der ersten katholische Friedensorganisation PAX in Amerika. Neben dem Austausch mit Friedensbewegten aus unterschiedlichen Lagern hilft Dorothy auch der Briefwechsel mit Thomas Merton zu immer sorgfältigeren Argumenten. Da sie biblische und katholische Ressourcen zu Friedensfragen und Gewissensfreiheit vereint, beeinflusst sie die Bischöfe, Pazifismus als respektable Haltung im Katholizismus anzuerkennen und ist massgeblich daran beteiligt, dass die Catholic-Worker-Bewegung Kristallisationspunkt und Geburtsort für die katholische Friedensbewegung in den USA wird.

Reisen für den Frieden werden Dorothy zur Herzensangelegenheit. Im September 1962 fährt sie nach Kuba, um als Augenzeugin über den ersten sozialistischen Staat in der westlichen Hemisphäre zu berichten. In ihren Artikeln im CATHOLIC WORKER dementiert sie die in amerikanischen Medien geschilderte Unterdrückung der kubanischen Kirche, und sie beschreibt ein Land, das den Armen Bodenbesitz, Zugang zu Bildung und Gesundheitsvorsorge ermöglicht. Eine Flut von Protestbriefen kritisiert Dorothys Nähe zum Kommunismus; sie wird einmal mehr zum schwarzen Schaf des amerikanischen Katholizismus. Zurück in ihrer Heimat erlebt Dorothy, wie Kuba zum Spielball zwischen den Machtblöcken wird und die Welt am 22. Oktober 1962 am Rand eines Atomkrieges steht. Dieser Krieg kann noch verhindert werden, doch bald flammen an anderen Schauplätzen Stellvertreterkriege auf.

Die Themen rund um Krieg und Frieden werden auch in der katholischen Kirche drängender. Dorothy ist dankbar für Papst Johannes XXIII., der sich in seiner ersten Ansprache für die Armen und den Weltfrieden einsetzt. Er spricht ihr aus dem Herzen, als er im Oktober 1962 das Zweite Vatikanische Konzil mit der Botschaft eröffnet, die Kirche müsse sich den Fragen der Zeit stellen. Sie hatte im CW September 1962 im Artikel THE COUNCIL AND THE MASS einige Konzilsinhalte vorstellt und selbstbewusst geschrieben:

> «Man könnte sagen, dass wir den Boden vorbereiten, die Themen aufzeigen.»

Es erfüllt Dorothy mit Hoffnung, dass die Abschottung der Katholiken vom Rest der Welt durch einen Pontifex aufgehoben wird, der schon als Kardinal von Venedig den Dialog mit den Kommunisten suchte. Johannes XXIII. ist für sie der Friedenspapst schlechthin. Er bittet in seiner Enzyklika PACEM IN TERRIS vom April 1963 alle Menschen guten Willens zum Dienst am Frieden, er plädiert für eine Versöhnung zwischen Ost und West, fordert ein absolutes Verbot von Kernwaffen und stellt die Argumentation des gerechten Krieges infrage. Um dem Papst für diese Enzyklika zu danken, reist Dorothy als eine von fünfzig Mothers for Peace nach Rom. Dass die Frauen keine Audienz beim Papst erhalten, deutet sie als Zeichen für den Filz des Vatikanstaates. Doch der Todkranke richtet während einer Audienz im Petersdom einige Worte an die Friedenspilgerinnen, dankt ihnen für ihren Einsatz, segnet sie und bittet sie, weiterhin für den Frieden einzustehen. Obwohl die Heimreise überschattet ist vom Tod des Papstes am 3. Juni 1963, kehren die oft belächelten Friedensfrauen gestärkt an ihre Arbeitsplätze zurück.

Im Oktober 1963 wird Dorothy von der katholischen Friedensorganisation PAX zu einer Tagung nach England eingeladen, wo sie im Bildungshaus der Dominikaner neben Dom Bede Griffith Hauptreferentin ist. Da mit der Enzyklika PACEM IN TERRIS die These des gerechten Krieges wankt, spricht sie in der Konferenz deutlicher über das Versagen der Kirchenhierarchie in Friedensfragen. Sie kennt nun eine ganze Reihe von katholischen Klerikern, Laientheologinnen und Philosophen, die den pazifistischen Standpunkt unterstützen, und weiss, dass in Rom der Theologe und Catholic Worker Jim Douglas und die Friedensaktivisten Jean und Hildegard Goss-Mayr den Konzilsvätern Standpunkte gegen Nuklearwaffen vorstellen.

Im September 1965 reist Dorothy mit ihrer Friedensfreundin Eileen Egan ein zweites Mal nach Rom. Die lange Schiffreise nutzt sie für Gespräche mit den mitfahrenden Klerikern und stellt bald fest, dass sie wenig informiert sind über militärische Angelegenheiten, sondern sich mehr für die Auseinandersetzung rund um die Empfängnisverhütung interessieren. Sie verteilt die Spezialausgabe CW Juli–August 1965 WAR AND PEACE AT THE VATICAN COUNCIL. In fundierten Artikeln von Jim Douglass, Gordon Zahn, Thomas Merton und Yves Congar werden darin die Schrecken atomarer Waffen und die zweifelhafte Rolle der katholischen Kirche im Dritten Reich aufgezeigt. Dorothy ist am 13. und 14. September 1965 als Zuhörerin bei der feierlichen Eröffnung der vierten Konzilssitzung dabei. Da der melkitische Patriarch Maximos IV. schon in der dritten Session vom November 1964 das Konzil aufgefordert hatte, sich zur atomaren Aufrüstung zu äussern, erhofft sich Dorothy nun deutliche Worte zur Ächtung der Atomwaffen. Sie wirbt in Rom unermüdlich für einen gewaltfreien Lebensstil, gibt Medieninterviews und diskutiert mit katholischen Würdenträgern. Um ihre Anliegen zu bekräftigen, beginnt Dorothy mit katholischen und protestantischen Friedensfrauen am 1. Oktober ein zehntägiges Fasten.[6] Sie vernehmen erfreut, dass Papst Paul VI. bei seiner vielbeachteten Ansprache vor der UNO am 5. Oktober 1965 das Mit- und Füreinander der weltumspannenden Kirche und der weltumspannenden UNO im Einsatz für den Weltfrieden anregt und damit eine lebhafte Konzilsdebatte rund um Krieg und Frieden am Folgetag auslöst. Nach Beendigung ihres Fastens erfahren die Frauen die Beschlüsse der Kon-

---

6   Im Nachtbrief vom 7./8. Oktober 1965 berichtet Dom Hélder Câmara über das Hunger-Fasten der «heldenmütigen Frauen», die beim Zweiten Vatikanischen Konzil eine Verurteilung kriegerischer Handlungen erreichen möchten. Er erwähnt Dorothy Day und schreibt, dass er sie «am 9. Tag des Fastens, besuchen werde» (vgl. Dom Hélder Câmara, BRIEFE AUS DEM KONZIL, Edition Exodus, Luzern 2016, 805).

zilsväter: In der Kirchenkonstitution GAUDIUM ET SPES wird die Gewissensentscheidung des einzelnen Menschen betont und Kriegsdienstverweigerung nicht mehr verurteilt. Der Satz, dass die Flächenvernichtung mit atomaren oder konventionellen Waffen ein Verbrechen gegen Gott und Mensch ist, wird zum Eckstein der katholischen Friedensbewegung. Anliegen, für die Dorothy und ihre Mitkämpferinnen jahrzehntelang eingestanden sind, werden offizielle kirchliche Lehre.

Im Zweiten Vatikanischen Konzil wird auch der Aufbau der Kirche neu formuliert. Das gemeinsame Priestertum hat Vorrang vor den kirchlichen Ämtern. Geeint in Christus sind die Laien den Klerikern gleichgestellt als aktive, mitdenkende und mitgestaltende Mitglieder der Kirche. Sie nehmen nicht nur teil an der Kirche, sondern sind Kirche. Als Laien in Kommissionen berufen werden, nimmt die kirchliche Hierarchie wahr, dass Dorothy als Frau und Laiin ein apostolisches Leben mit Vorbildcharakter führt. Ihr Einfluss und ihre Authentizität sind nicht mehr zu übersehen. 1966 wird sie angefragt, ob sie für die amerikanischen Bischöfe ihre Gedanken zur Revision des Kirchenrechts formulieren könne. Dorothy nimmt die Aufforderung gerne wahr und freut sich, als Laiin Mitverantwortung für die Kirche zu tragen. Dennoch bemängelt sie in ihrer Antwort, dass die Hierarchie die Leidenschaft und Innovationslust der Laien immer noch zu wenig für Verbesserungen in Kirche und Gesellschaft nutze.

Mit der Option für die Armen antizipiert Dorothy viel von dem, was die offizielle Kirche im Rahmen des Zweiten Vatikanischen Konzils thematisiert und ein Teil der Bischöfe am 16. November 1965 im Katakombenpakt unterzeichnet. Über das Konzil hinaus bleibt Dorothy im Kontakt mit den Erzbischöfen Óscar Romero, (El Salvador), Dom Hélder Câmara (Brasilien) und dem nicaraguanischen Priester Ernesto Cardenal. Im Oktober 1967 wird sie von der Erzdiözese New York als Armutsexpertin an den internationalen Laienkongress delegiert und in Rom als Ehrengast empfangen. Unter 2500 Laien, die gleichberechtigt neben Kardinälen und Bischöfen an Konferenztischen diskutieren, fühlt sie sich weitaus besser integriert als am Konzil. Sie wird für ihre Friedens- und Versöhnungsarbeit gelobt und darf als Vertreterin Amerikas neben dem Astronauten Neil Armstrong aus der Hand von Papst Paul VI. die Kommunion empfangen. Nach dem Kongress besuchen Dorothy und Eileen Egan den Schriftsteller Ignatio Silone und den Sozialreformer Danilo Dolci. Es betrübt Dorothy, dass die beiden Italiener, deren Leben und Werk sie schätzt, die Kirche verlassen haben. Die Freundinnen reisen anschliessend zu Friedensgesprächen nach England, besuchen die Gräber der Familie von Karl Marx und von Charles Dickens und leisten sich für die Rückkehr nach Amerika erstmalig eine Flugreise. Dorothy geniesst sie in vollen Zügen. Sie fühlt sich dem Himmel nahe.

Zurück in New York führt sie trotz Altersgebresten ein aktives Leben. Die Beschwerden ihres vergrösserten Herzens können mit Ruhepausen und Tabletten so gut behandelt werden, dass Dorothy 1970 eine Einladung zu einer Anti-Vietnam-Kundgebung in Sidney annimmt. Vor brechend vollem Haus spricht sie über eine Weltgemeinschaft des Friedens, die nur im menschlichen Für- und Miteinander gedeihen kann. Begleitet von ihrer Friedensfreundin setzt Dorothy ihre Reise via Indien fort. In Kalkutta organisiert Eileen ein Treffen mit Mutter Theresa, die ihre Kreuzbrosche vom Sari nimmt, sie an Dorothys Bluse befestigt und ihr sagt, dass sie zur Gemeinschaft der Barmherzigen Schwestern gehöre.

Ein weiterer Höhepunkt im Herbst ihres Lebens ist 1971 eine Reiseeinladung nach Osteuropa und Russland. In einer Gruppe amerikanischer Pazifisten möchte Dorothy den Friedensaktivistinnen hinter dem Eisernen Vorhang das Gefühl vermitteln, nicht abgeschnitten zu sein von Menschen guten Willens im Westen. Beim Aufenthalt in Leningrad besucht sie die Gräber von Dostojewski, Rimski-Korsakow und Mussorgsky sowie die Kunstsammlung der Hermitage, wo besonders Rembrandts Bild vom verlorenen Sohn sie tief berührt. In Moskau sucht sie an der Kremlmauer die Gräber von John Reed und Bill Haywood auf, gedenkt ihrer in Moskau verstorbenen Freundin Rayna, betet an Lenins Grab und trifft sich mit russischen Autoren. In der Tretjakow-Galerie verweilt sie lange vor Andrei Rubljows Dreifaltigkeitsikone. Um den eisernen Vorhang auch für andere zu lüften, veröffentlich sie ihre Reiseerfahrungen im CATHOLIC WORKER.

Eine Friedensikone – weltweit

Das Gehen fällt Dorothy immer schwerer, auch das Gehör lässt nach, dennoch folgt sie im August 1973 einer Einladung von Joan Baez an ihr Friedensinstitut nach Kalifornien. Den geplanten Vortrag hält Dorothy jedoch nicht, da sie zu einem von César Chávez organisierten Streik der mexikanischen Landarbeiter fährt. Sie hat seit ihrem Mexikoaufenthalt mit der kleinen Tamar eine enge Beziehung zu Land und Leuten und verehrt wie viele Mexikanerinnen und Mexikaner die Liebe Frau von Guadeloupe. Dorothy berichtet seit 1939 im CATHOLIC WORKER über die unhaltbaren Zustände der mexikanischen Erntehelfer, die in Amerika ein marginales Dasein fristen und in katholischen Kirchen auf abgesonderten Bänken sitzen müssen. Da die amerikanische Bevölkerung nichts von ihrer Mitverantwortung am Unrechtssystem wissen will, organisieren sich die mexikanischen Landarbeiter unter César Chávez und seiner Mitstreiterin Dolores Huerta 1966 in der Gewerkschaft UFW (United Farm Workers). Bei Protestmärschen werden Gewerkschaftsfahnen und Bilder der Madonna von Guadeloupe durch die Strassen Amerikas getragen, und der tiefgläubige Chávez verbindet politische und religiöse Motive wirkungsvoll miteinander. Dorothy unterstützt mit ihrer Gegenwart die staatlich verbotenen Streiks der UFW. Massiv bedroht, versucht sie 1973 mit Streikbrechern und irischen Gesetzeshüter ins Gespräch zu kommen. Das Bild der alten Frau, die auf ihrem tragbaren Stocksitz mit schwerbewaffneten Polizisten diskutiert, geht um die Welt und bringt den Streikenden Unterstützung. Trotzdem werden Gewerkschafter und Sympathisantinnen verhaftet, darunter viele Ordensleute. Die 76-jährige Dorothy, die an Herzproblemen und Arthritis leidet, muss zum Gefängniswagen getragen werden. Aus der Haft schreibt sie den kalifornischen Bischöfen, die ihre mexikanischen Glaubensgeschwister einmal mehr im Stich gelassen haben, der amerikanische Lebensstil habe die Kirche korrupt gemacht; man könne nicht Gott und Mammon gleichzeitig dienen. Ihren letzten zweiwöchigen Gefängnisaufenthalt mit Gottesdiensten, Gebeten und Liedern von Joan Baez erlebt Dorothy so intensiv, dass sie bei der Entlassung die von den Mitgefangenen unterschriebene Gefängniskleidung zur Erinnerung behält.

Vom Gefängnisaufenthalt erholt, tritt Dorothy eine letzte Friedensreise nach England und Nordirland an. Sie schildert ihre ökumenische Arbeit im CATHOLIC WORKER offenbar so beeindruckend, dass der Bischof der episkopalen Kirche New Yorks sie anfragt, ob sie Chorfrau an der Kathedrale werden möchte. Und ein anglikanischer Bischof teilt ihr mit, dass das Lesen des CATHOLIC WORKER ihn nicht zum Katholizismus bekehre, aber aus ihm möglicherweise einen besseren Christen machen könne.

Vietnam

Sehr früh durchschaut Dorothy Day, dass die Kriege in Indochina und Korea Stellvertreterkriege zwischen Ost und West sind, bei denen es um die Interessen von Kolonialmächten und die Eindämmung der kommunistischen Kräfte geht. Kurz bevor die USA in den Koreakrieg eintreten, nimmt sie im April 1950 in Washington an einem interreligiösen Fasten für den Frieden teil. Als sich eine Ausweitung der Kampfhandlungen auf Vietnam abzeichnet, informiert Dorothy im CW Mai 1954 mit dem gut recherchierten Artikel THEOPHANE VENARD AND HO CHI MINH über die materiellen Interessen Amerikas in Vietnam und findet lobende Worte für die Hochkultur der Khmer. Das löst nicht überall Begeisterung aus.

Der Vietnamkrieg spaltet Amerika und die amerikanischen Katholiken. Die Catholic Worker werden ein Symbol für das Gute in der Welt und die pazifistische Haltung, die in den 1940er- und 1950er-Jahren die Bewegung schwächte, bringt sie im Vietnamkonflikt erneut zum Blühen. Mit der Ausstrahlung eines Films im Sonntagmorgenprogramm erreicht Dorothys Ruhm 1962 ihren

Höhepunkt. Sie pflegt intensive Beziehungen zu den Friedensaktivisten Bayard Rustin, David und Betty Dellinger, Abraham Johannes Muste sowie Ralf DiGia und wird zur Vorbotin eines religiösen Radikalismus, der mit spektakulären Protestaktionen auffällt. Mit Beginn des amerikanischen Vietnameinsatzes 1964 gründen die Catholic Worker Jim Forest, Martin Corbin und Tom Cornell zusammen mit den Priesterbrüdern Philip und Daniel Berrigan die Catholic Peace Fellowship, die Kriegsdienstverweigerer berät. Als Dorothy erlebt, dass Friedensmacher oft als psychisch gestört abgestempelt werden, verspricht ihr der befreundete Psychiater Dr. Karl Stern Hilfe für den Fall, dass sie in eine Klinik für Geisteskranke eingewiesen würde.

In der katholischen Kirche Amerikas, die als konservatives Bollwerk lange Rassismus und Kriegstreiben unterstützt, wächst zaghaft ein Umdenken. Dorothy wird zur Inspirationsfigur für Vietnamgegner und Friedensbewegte. Für den Jesuiten Daniel Berrigan öffnet die Frau, die nicht daran glaubt, dass Kriegsleiden und Elend im göttlichen Plan vorgesehen sind, Zugänge zum Evangelium, von denen er im Priesterseminar nie gehört hat. Auch für die Pazifistin Joan Baez, die regelmässig in Häusern der Gastfreundschaft auftritt, sind die Treffen mit Dorothy bedeutungsvoll. Dem Mönch und Schriftsteller Thomas Merton, der sich ohne den CW weder seine Konversion, noch seinen Klostereintritt vorstellen kann, wird Dorothy die eine, wichtige Person, der er sich anvertrauen kann, als er sein kontemplatives Klosterleben im Einsatz für den Frieden zur Welt hin öffnen möchte. Merton entdeckt im Briefwechsel mit Dorothy, dass er in einer Welt, die vor der Auslöschung steht, nicht mehr länger eine Spiritualität der Weltentsagung predigen kann. Sein leidenschaftlicher Artikel THE ROOT OF WAR IS FEAR im CW Oktober 1961 beglückt die Catholic Worker, doch der französische Ordensobere belegt Merton mit einem Schreibverbot zu Friedensthemen. Um die Vision der Geschwisterlichkeit aller Menschen aufrechtzuerhalten, nehmen Day und Merton nach völkerrechtswidrigen Bombenabwürfen auf Nordvietnam 1965 einen grenzüberschreitenden Dialog auf. Dabei leistet die Fellowship of

Reconciliation einen wichtigen Beitrag. Sie lädt den buddhistischen vietnamesischen Mönch Thich Nhat Hanh zu interreligiösen Gesprächen nach Nordamerika ein, was Thomas Merton zum berührenden Artikel NHAT HANH IS MY BROTHER inspiriert.

Bilder vietnamesischer Kinder, die unter amerikanischem Napalm in Feuer aufgehen, bewegen mutige Vietnamgegner zu staatskritischen Aktionen. Im August 1965 sind Catholic Worker mitbeteiligt am Sitzstreik in Washington, beim dem 350 Demonstrierende festgenommen werden. Als am 15. Oktober 1965 der junge Catholic Worker David Miller am Union Square seinen Einzugsbefehl verbrennt, wird er verhaftet und zu einer 30-tägigen Gefängnisstrafe verurteilt. Dorothy, die von einem TIMES-Reporter über Miller ausfragt wird, ist sich bewusst, dass sie in die kommunistenfreundliche Ecke gedrängt wird, wenn sie ihn verteidigt. Doch sie teilt den gerechten Zorn der Aufgebrachten, steht zu den Aktivisten und erklärt, Christen, die einen übergriffigen Staat angreifen, würden Jesus bei der Tempelreinigung nachahmen. Nun steigt die mediale Aufmerksamkeit für die kleine Gruppe Katholiken, die ihre Kriegsdienstverweigerung biblisch begründet, sprunghaft an. Obwohl die Zerstörung von Einzugsbefehlen zu einem kriminellen Akt erklärt wird, verbrennen am 6. November 1965 im Beisein von Dorothy Day und Abraham Johannes Muste weitere 5 Männer ihre Einzugsbefehle öffentlich. Gegendemonstranten beschimpfen Dorothy als «Moskau Mary» und fordern die Kriegsdienstverweigerer auf, sich selbst zu verbrennen.

Als Dorothy von ihrer zweiten Romreise zurückkommt, haben die Vietnamproteste eine neue Intensität angenommen. Die Kosten für den Krieg sind horrend, der Verlust an jungen Amerikanern ebenfalls. Am 9. November 1965 übergiesst sich Roger LaPorte, seit kurzem Catholic Worker, mit Benzin und zündet sich an. Sein Tod ist ein schrecklicher Schlag für die Bewegung. Die Medien belagern das Headquarter. Dorothy formuliert mit Hilfe von Tom Cornell einen Pressetext, der die Lebenshingabe von Roger LaPorte achtet, ohne zur Nachahmung aufzurufen. Trotzdem werden die Catholic Worker als Fanatiker verurteilt. Daniel Berrigan, der im

Erinnerungsgottesdienst für Roger LaPorte seinen erschütternden Opfertod als eine Proklamation für das Leben beschreibt, wird durch das Ereignis radikalisiert.

Im Mai 1966 protestiert Martin Luther King zum ersten Mal gegen den Vietnamkrieg, der die Hoffnung auf ein friedliches Zusammenleben der Menschen überschattet. Trotzdem bleiben Martin Luther King und Dorothy Day der Vision einer gerechten und friedlichen Welt treu. Sie orientieren sich in ihrem Einsatz an der Nachfolge Jesu.

Am 15. April 1967 findet in New York unter der Führung von Martin Luther King, Benjamin Spock und Monsignore Charles Owen Rice eine riesige Anti-Vietnamkrieg-Demonstration statt. Als auch die Demonstration in Washington vom 21. Oktober 1967 mit 100 000 Menschen nichts bewirkt, beginnen Daniel und Philip Berrigan zusammen mit weiteren Aktivisten Einzugsbefehle zu entwenden und zu zerstören. Von Gebeten begleitet, übergiessen sie die Akten mit Blut oder Napalm. Die spektakulären Aktionen in Catonsville und Milwaukee vor informierten Medien und Dorothys Berichterstattung über die Gerichtsverhandlungen im CW tragen massiv zur Bekanntmachung der Catholic Worker bei, lösen jedoch bei der konservativen katholischen Bevölkerung Entsetzen aus. Trotz Verurteilungen zu langen Gefängnisstrafen setzen die Berrigan-Brüder ihre prophetischen Aktionen fort. Von vielen werden sie als Helden bewundert. Doch die kirchliche Hierarchie zeigt kein Verständnis für den Aktivismus der beiden Priester. Dorothy, die sie zum Gericht begleitet, fragt sich einmal mehr, weshalb die Kirche Waffen segnet und Männer ächtet, die lieber Papier statt Menschen mit Napalm anzünden. Obwohl ihr der Einbruch in staatliche Büros nicht gefällt, hat sie Verständnis für die Aktionen mit rituellem Charakter, und sie hofft, dass damit auch die Kirche aufgerüttelt werde.

Der CATHOLIC WORKER ist die erste katholische Zeitschrift Amerikas, die im Aufbegehren gegen Vietnam den zivilen Ungehorsam propagiert. Viele Mitarbeitende landen wegen Kriegsdienstverweigerung und zivilem Ungehorsam als Staatsfeinde im Gefängnis.

Deren Unterstützung lässt Dorothy an ihre eigenen Gefängniserfahrungen und an die Worte aus der Gerichtspredigt erinnern: «Ich war im Gefängnis, und ihr seid zu mir gekommen.» (Mt 25,36) Im Umgang mit Gefangenen kann sie jedoch in der amerikanischen Bevölkerung wenig von einer Nachfolge Jesu entdecken. Eigene Haftstrafen haben ihr eine ungerechte Justiz aufgezeigt und sie mit der Abgründigkeit der Prostituierten- und Drogenszene konfrontiert. Dorothy ist überzeugt: Müssten Polizisten, Richter und Staatsanwälte einige Tage einsitzen, hätten sie mehr Mitgefühl für die Eingekerkerten. Nachdem Besuch von Schwerverbrechern fordert sie mit Briefen und Petitionen bessere Haftbedingungen und die Abschaffung der Todesstrafe. Ein Gefängnisbild van Goghs an ihrer Zimmerwand erinnert sie an das unermüdliche Gebet für die Gefangenen.

Grosse Sorgen macht sich Dorothy auch um Tamar. Davids Alkoholsucht und seine psychischen Probleme machen einen Klinikaufenthalt im August 1961 nötig. Als die Ehe zerbricht und Tamar staatliche Sozialhilfe benötigt, fühlt sich Dorothy mitverantwortlich für das Elend. Sie zeigt ihrer Tochter viel Mitgefühl. Nun kann Tamar ihrer Mutter endlich sagen, wie sie darunter litt, dass diese ihr keine höhere Schulbildung zutraute. Um ihrer Tochter eine Pflegerinnenausbildung zu ermöglichen, übernimmt Dorothy 1964 für einige Monate die Sorge für die 9 Enkelkinder. Doch es bedrückt sie, dass Tamar ihre Kinder nicht zum Gottesdienstbesuch anhält. Bald darauf begleitet auch sie Dorothy nicht mehr in den Weihnachtsgottesdienst. Sie hat sich von der Kirche verabschiedet, nicht aber von den Catholic Worker und deren nachhaltigem, einfachem Lebensstil.[7] Die Beziehung zwischen

---

[7] Als einziges Enkelkind findet Martha Hennessy zu ihren katholischen Wurzeln zurück. Die Friedensaktivistin dringt 2018 mit sechs Katholik*innen in die mit Atomwaffen bestückte Kings Bay U-Boot-Basis ein und bespritzt mit ihrem Blut den Eingang. Vor Gericht erklärt sie, sie habe nicht mit krimineller Absicht, sondern aus religiöser Überzeugung gehandelt und für ihre acht Enkelkinder, da die Atomkraft eine der grössten Bedrohungen des Planeten sei. Im November 2020 wird sie zu 10 Monaten

Mutter und Tochter bleibt herzlich. Gemeinsam teilen sie den Kummer um Tamars Sohn Eric, der nach Vietnam eingezogen wird. Als er aus dem Krieg heimkehrt, ist er körperlich heil, doch seine Seele ist versehrt.

Beim Verfassen der Nachrufe auf ihre Weggefährten Abraham Johannes Muste und Mike Gold, die sich bis zu ihrem Tod 1967 unermüdlich für eine bessere Welt einsetzten, quält Dorothy der Eindruck, dass ein Grossteil der jungen Generation selbstsüchtig nur um die eigenen Bedürfnisse kreist. Die Hippies sind ihr zu schrill, die Vietnamgegner zu verächtlich. Dorothy will nie abreissen, sondern aufbauen.

Sie verfolgt die sich verändernde politische und kirchliche Situation in Amerika mit Freude und Besorgnis zugleich: Sie freut sich am Wechsel zum volkssprachlichen Gottesdienst, am Zusammenrücken von Klerikern und Laien und ist dankbar für die Betonung der Glaubensfreiheit. Sie unterstützt Hausmessen in Haarlem, bei denen die Ärmsten um einen Tisch versammelt Eucharistie feiern, lehnt aber eine Eventkultur ab und schätzt rituelle Formen des Gottesdienstes. Die zunehmende Skepsis gegenüber dem Staat beobachtet sie mit Zufriedenheit, doch sie verurteilt die Gewaltbereitschaft, die sich nach den Morden an Martin Luther King und Bob Kennedy 1968 brutal entlädt. Amerika entwickelt sich 1968 zum Polizeistaat. Nixons Wahl löst Frustrationen aus, doch erst die Enthüllung des Massakers an 500 vietnamesischen Zivilisten im Dorf Mai Lai öffnet den Gutgläubigen die Augen. Nun protestieren auch in katholischen Hochschulen die Studierenden. Ihr Vertrauen in den Staat ist zerbrochen. Und die Kirche, die mit der Enzyklika HUMANAE VITAE im Juli 1968 die hormonelle Empfängnisverhütung verbietet, um das ungeborene Leben zu schützen, aber weiterhin junge Männer in ein höllisches Desaster drängt, verliert ebenfalls an Glaubwürdigkeit. Dorothy bedauert, dass die Flower-

---

Gefängnis verurteilt und kann in dieser Zeit nicht im Obdachlosenheim arbeiten, das ihre Grossmutter gegründet hat. Vgl. Christina Yurena Zerr, KINGS BAY PLOWSHARES 7, Neue Wege 10/2020.

Abb. 15: Dorothy mit Enkelkindern

Power-Generation die Kirche nur als veraltete Institution wahrnimmt. Sogar Kinder und Enkel der Gründergeneration lehnen die Moralvorstellungen der Kirche ab, lassen sich aber für lebensgefährliche Friedens- und Bürgerrechtseinsätze begeistern. Doch der Krieg in Vietnam hält an. Erst als wagemutige regierungsnahe Mitglieder die Öffentlichkeit informieren, dass Vietnam ein Irrsinn sei, tritt eine Wende ein. Eine Schlüsselrolle spielt dabei Daniel Ellsberg, der Beziehungen zu den Catholic Worker hat. Betroffen vom Leid in Vietnam kopiert der hochrangige Mitarbeiter im Verteidigungsministerium gemeinsam mit seinen Kindern und seinem Freund Anthony Russo geheime Akten, die die Unmöglichkeit eines amerikanischen Sieges im Vietnam belegen. Die als Pentagon Papers bekannt gewordenen Dokumente spielt er 1971 der NEW YORK TIMES und der WASHINGTON POST zu. Daniel Ellsberg, der in einem Film von 2009 als THE MOST DANGEROUS MAN IN AMERICA beschrieben wird, besucht Dorothy am 29. Oktober 1973 in New York. Sein Sohn Robert, der ihn begleitet, tritt kurz danach den Catholic Worker bei.

Als der Kongress die Finanzmittel für den Krieg nicht mehr bewilligt, werden 1973 die US-Truppen aus Vietnam abgezogen, doch erst 1975 endet der Krieg in Indochina. Noch länger braucht es, bis sich bei den amerikanischen Bischöfen ein Sinneswandel einstellt: Im Hirtenbrief THE CHALLENGE OF PEACE: GOD'S PROMISE AND OUR RESPONSE von 1983 wird Friedensarbeit als Aufruf Jesu und Militärdienstverweigerung als ein Zeichen für die Gesundheit der Kirche gedeutet. Auch die Lebenszeugnisse von Dorothy Day und Martin Luther King, die mit ihrer Gewaltfreiheit das Leben der amerikanischen Kirche prägten, werden darin mit den Worten verdankt, dass Christsein nach den Evangelien nicht nur ein Glauben im Geiste, sondern ein Unterwegssein mit Jesus in Wort und Tat bedeute. Dorothy hätte sich wohl nie träumen lassen, dass bischöfliche Aussagen ihrer biblisch begründeten pazifistischen Auffassung einmal so nahekommen würden. Für einige Catholic Worker kommt die kirchliche Anerkennung Dorothys jedoch zu spät. Sie kommentieren bissig, Bischöfen falle es einfacher, eine Tote zu beklatschen, als mit einer Zeitbombe in der Diözese umzugehen!

17   Die späten Jahre

Dorothys Hauptquartier wird ab 1964 Tivoli, wo sie grösste Freuden und intensives Leid erfährt. Das mit Spenden erkaufte Gelände mit mehreren Häusern im Norden New Yorks entwickelt sich zu einem Weiterbildungszentrum für Gewaltfreiheit. Eine Gruppe künstlerisch begabter Freiwilliger betreut die Anlage und achtet darauf, dass neben Judokursen und Yoga auch Gottesdienst und Stundengebet einen festen Platz haben.

Die katholische Friedensorganisation PAX und die War Resister League halten über Jahre ihre Konferenzen auf Tivoli. Menschen aller Schichten und religiösen Schattierungen diskutieren Friedensthemen im Kontext von Theologie, Poesie, Musik und Kunst. Gesprächsrunden, gemeinsame Mahlzeiten und Kreistänze lassen ein starkes Gemeinschaftsgefühl entstehen. Für Dorothy gehören diese Treffen zu den glücklichsten Zeiten ihres Lebens. Besonders fröhlich erlebt sie die Sommerwochen, wenn ihre Enkelkinder die Ferien mit ihr verbringen. Auch Sterbende sind in der grossen Anlage mit Blick auf den Hudson gut aufgehoben. Alle werden liebevoll gepflegt, um möglichst versöhnt dem Tod begegnen zu können. Es bedeutet Dorothy viel, Sterbende loszulassen, ohne sie zu verlassen. Sie vergleicht die Begleitung von Todkranken mit dem Ausharren bei einer Gebärenden und hofft, in ihrer letzten Stunde von liebevoll betenden Menschen umgeben zu sein. In ihrem Nachdenken über den Tod schwingt immer freudige Auferstehungshoffnung mit. Die kahlen Ahornbäume, die im Frühling grüne Knospen treiben, sind ihr ein Versprechen Gottes, der das scheinbar Tote zu neuem Leben aufblühen lässt. Sie begleitet die Verstorbenen mit Gebeten und Friedhofbesuchen über den Tod hinaus und geniesst den Gang über die Gräber mit ihren jüngsten Enkelkindern. Sind die Kleinen vom Herumspringen zwischen den Grabsteinen müde, setzen sie sich zur Grossmutter auf eine Bank, beten mit ihr den Rosenkranz und essen Birnen von einem nahen Baum. Sprechen auch noch Sonne und Wind von Gottes Güte, liegt für Dorothy Frieden über dem Gottesacker.

Auf Tivoli fehlt diese Harmonie zusehends. Der himmlische Ort zieht traumatisierte Vietnamveteranen ebenso an wie kirchenkritische Hippies und alkoholsüchtige Priester. Um ihre Kinder vor einem zügellosen Leben zu schützen, verlassen die Corbins, die über ein Jahrzehnt Tivoli geführt haben, den Ort. Dorothy zeigt lange Geduld für auffällige Gäste und reagiert gelassen, als ein Vietnamveteran sie bedroht. Sie kann verstehen, dass er durch das Kriegsgeschehen den Verstand verlor. Doch Hippies, die den Obdachlosen Nahrung und Schlafplatz wegnehmen und keinen Beitrag zum Gemeinwohl leisten, bringen sie in Rage. Die Betagte erklärt einmal, sie würde überall hinreisen, um diesem verrückten Ort zu entkommen. Als Tivoli nach schwierigen Verhandlungen verkauft wird, kann mit dem Erlös 1979 eine kleine Farm in Marlboro N.Y. gekauft werden. Die neue Heimat für einige der Obdachlosen von Tivoli wird strenger geführt und hat keinen Platz mehr für Faulenzer. Zusammen mit Dorothy atmen viele Catholic Worker auf.

Dorothy bleibt auch im Alter eine aufmüpfige Frau. Wie Dorothee Sölle, die Ende der 1970er-Jahre im St.-Joseph-Haus ein- und ausgeht, lebt Dorothy nach dem Sprichwort der Quäker: «Grenzenlos glücklich, absolut furchtlos, immer in Schwierigkeiten!» Trotzdem ist sie dankbar für ihr Leben. In ihr Tagebuch schreibt sie im Oktober 1969:

> «Im Herbst meiner Jahre war ich oft verliebt. Ich meine diese Zeiten, wenn Körper und Seele sich beleben wie in der klaren Herbstluft nach einem heissen, erschöpfenden Sommer und ich neue Kraft spüre, um zu ‹wis-

sen›, […] meinen Nachbarn mit neuen Augen anzusehen, zu lieben. Dann bin ich beinahe ausser mir. Ich meine nicht, verliebt sein in eine bestimmte Person. Ich meine die Qualität von Verliebtheit, die mich wie ein süsser Duft streift, ein feiner, kaum hörbarer Ton, das Gefühl von Schönheit eines speziellen menschlichen Wesens oder eines Lebensaspektes.

Es kann die Intuition von Unsterblichkeit sein, von Gottes Anmut, von Gottes Gegenwart in der Welt. Es ist schwer in Worte zu fassen. Im Normalfall ist es eher ganzheitlich, nicht partiell, es kann auch eine Erinnerung sein, ein Blitz von Verstehen, Erkennen beim Lesen eines Buches, beim Hören eines Musikstückes. Es ist irgendwie verbunden mit dem Gefühl der Hoffnung und einem Verständnis von Hoffnung. Wie könnten wir ohne diese übernatürliche Tugend ‹hoffen gegen jegliche Hoffnung› in Zeiten von Gewalt und Leiden in dieser Welt leben?

Ich bin kühn mit meinem Versuch, Unaussprechliches zu erklären, von Glück und Freude zu schreiben, die zu uns allen kommt, unabhängig von Alter, Hautfarbe, Lebensaufgabe, Verfassung. Dieses Gefühl erfüllt uns trotz Fehlerhaftigkeit und sogar dann, wenn andere Menschen leiden. Wenn wir diese Hoffnung, diese Freude, diese Liebe nicht hätten, wie könnten wir anderen helfen? Wie hätten wir die Kraft bei ihnen zu bleiben, sie zu halten, wenn sie in Sorgen ertrinken, in Dunkelheit ersticken, ihr Leben beinahe loslassen. Und dieses Leben, das können wir mit Sicherheit sagen, ist kostbar. Es lohnt sich, daran zu hängen, dankbar dafür zu sein, es mit Ehrfurcht zu behandeln.»[8]

Als die Steuerbehörde 1972 von den Catholic Worker beinahe 300 000 US-Dollar Nachsteuern verlangt, erhält Dorothy, die nun im akademischen Umfeld bekannter ist als in der Arbeiterschicht, vielseitige Unterstützung. Nach massivem öffentlichem Protest und Dorothys Kompromisslosigkeit wird die Forderung zurückgezogen.

Zu ihrem 75. Geburtstag zeigt das Fernsehen ein Interview mit ihr unter dem Titel DOROTHY DAY – STILL A REBEL. Das Magazin der Jesuiten widmet ihr eine Spezialausgabe und beschreibt sie als Frau, die in den vergangenen vierzig Jahren auf eindrückliche

---

8   Day, Dorothy, 2008: THE DUTY OF DELIGHT, Seite 464, Übersetzung MB.

Weise die katholische Gemeinschaft verkörpert habe. In der Laudatio zur Verleihung der höchsten Ehrung der Universität Notre Dame wird Dorothy 1972 als vorbildliche Katholikin geschildert, die ein Leben lang die Betrübten getröstet und die Bequemen betrübt habe. Weitere Ehrungen religiöser Institutionen lehnt sie aber meist ab, da Anwesenheit und Dankesrede erwartet werden. Staatliche Ehrungen nimmt sie wegen der Verfilzung mit militärischen und industriellen Interessen prinzipiell nie an.

Häuser der Gastfreundschaft sind nach Beendigung des Vietnamkrieges 1973 nötiger denn je. Viele Kriegsveteranen können sich nicht mehr in die Gesellschaft eingliedern, und weil das Geld für Behandlungen fehlt, werden Traumatisierte aus Kliniken entlassen. Die Arbeit in einem gewalttätigen Umfeld ist extrem hart, deshalb ist Dorothy froh um neue Kräfte, die frischen Wind bringen. Freiwillige berichten, dass sie ihr Leben im St.-Joseph-Haus nur aushalten mit Gleichgesinnten und mit Dorothy, die so ansteckend überzeugt von Gottes Auftrag ist, den Ärmsten und Irrsten die Türe zu öffnen. Doch auch sie ist oft so erschöpft, dass sie nicht einmal mehr zu Tamar nach Vermont reisen mag.

Dorothy schätzt den Rummel um ihre Person nicht, dennoch freut sie der von Kardinal Terence Cooke überbrachte Gruss von Papst Paul VI. zu ihrem 80. Geburtstag. Ihre körperlichen Beschwerden nehmen zu, und sie ärgert sich über ihre Kraftlosigkeit. Sie übt sich in Optimismus und Sanftmut, reagiert dennoch vermehrt reizbar und rechthaberisch, entschuldigt sich anschliessend aber mit liebevollen Zeichen. Mit Besorgnis beobachtet sie den Zerfall der Frömmigkeit unter den Freiwilligen, die das Zusammengehen von Gottesdienst und Nächstenliebe für veraltet ansehen. Es fällt ihr schwer, Arbeit abzugeben. Beim Hüten der Urenkelin auf dem Bauernhof ihrer Enkelin Becky bedenkt sie, dass sie mitten in all dem Werden und Sein die Älteste ist, und beschliesst, ihr Werk in jüngere Hände zu legen. Der 20-jährige Robert Ellsberg, der im Januar 1974 den ersten, hochgelobten Artikel für den Catholic Worker schreibt, wird Herausgeber der Zeitung, die Aktuelles aufgreift und bald eine Auflage von 90 000 Stück hat.

Mit der Eröffnung eines Hospizes für obdachlose Frauen erfüllt sich 1976 ein langer Traum von Dorothy. Im Maryhouse, einer umgebauten Musikschule in der Nähe des St.-Joseph-Hauses, verbringt sie ihre letzten Lebensjahre. Ihr Herz braucht Ruhe, und sie ist froh um ein eigenes Zimmer. Sie hört Musik, die sie als grösste Quelle der Erholung beschreibt, schaut fern, erfreut sich am Blick aus dem Fenster und an Postkarten mit Kunstbildern. In ihren Büchern von Dostojewski, Tolstoi und Dickens schlägt sie unterstrichene Stellen nach und diskutiert sie mit Gott. Sie führt Konversationen mit Heiligen und verstorbenen Kunstschaffenden, die aus der Verbundenheit mit Jesus lebten, und hofft, dass sie nicht als geisteskrank einschätzt wird. Trotz dem Elend, das ihr im Haus begegnet und aus den Nachrichten entgegenschlägt, bleibt sie ein hoffnungsvoller Mensch.

Hochbetagt nimmt sie eine Einladung zum Eucharistischen Weltkongress in Philadelphia an, wo sie am 6. August 1976 über «Frau und Eucharistie» sprechen soll. Wie immer ist sie nervös und tritt ausnahmsweise mit Notizen ans Rednerpult. 8000 Menschen hören Dorothy gebannt zu, als sie am Festtag «Verklärung des Herrn», an dem sich auch der amerikanische Atombombenabwurf auf Hiroshima jährt, vom mangelnden Sinn für Reue über militärische Gräueltaten Amerikas spricht. Bevor sie darum bittet, den zeitgleich gefeierten Militärgottesdienst und alle Messen des Tages als Akt der Reue zu betrachten und Gott um Vergebung zu bitten, erwähnt sie ihre Dankbarkeit für die Freiheit der Heiligen Mutter Kirche, die sie über Jahrzehnte nährte und lehrte. Die Kirche lehrte sie aber auch, dass der Bussakt vor der Eucharistie unerlässlich sei, um das Sakrament würdig zu empfangen. Dorothy, die schwer trägt an der Mitschuld der amerikanischen Kirche am Atombombenabwurf, erinnert eindringlich daran, dass der Schöpfer, der den Menschen das Leben schenkte, ihnen die Eucharistie gibt, um Leben zu erhalten.

Dorothys Ansprache wird mit einem minutenlangen Applaus verdankt. Ihre Begleiterin Eileen deutet dies als Zeichen, dass Dorothy sich auch bei ihrer letzten grossen Rede treu bleibt. Sie steht zu ihren Überzeugungen ebenso wie zu ihrer schmerzhaft geliebten Kirche. Aber der Anlass nimmt Dorothy sehr mit. Zurück im Maryhouse hat sie eine leichte Herzattacke, ein Jahr später einen Infarkt. Während der verordneten Bettruhe entwickelt sich Dorothy zur kontemplativen Eremitin. Ihr Zimmer wird zu einer Zelle des Gebets, und ihre Tage sind durch Psalmen, Brevier und Missale strukturiert. Der Morgen beginnt mit dem Besuch der Messe in der Hauskapelle. Ist ihr Herz zu schwach oder sind die Schmerzen in den von Arthritis geplagten Gelenken zu stark, ist sie dankbar, wenn sie den Gottesdienst am Fernseher miterleben kann und ein Catholic Worker ihr die Kommunion bringt.

Dorothy ist eine sinnliche Frau. In Glücksmomenten nimmt sie mit verzückter Sensibilität die Welt wahr, die für sie voll ist von Gottes Zärtlichkeit. Sie mahnt, die Güter der Erde mit Sorgfalt zu behandeln, da sie Gott gehören, der sie den Menschen zur nachhaltigen Nutzung zur Verfügung stellt. Sie beklagt die Dezimierung der Artenvielfalt durch Monokulturen, den Einsatz von Pestiziden, die Gefährdung durch Atomkraft und lehnt das Abholzen ganzer Wälder für Schundliteratur ab. In ihren späten Tagebuchnotizen erwähnt sie besonders oft das Zitat von Dostojewski: «Die Schönheit wird die Welt erlösen.»[9] Es begleitet sie als Cantus firmus durch das ganze Leben. Dorothy ist überzeugt, dass Gott der gramgebeugten Welt unentwegt Zeichen seiner Liebe sendet, indem er ihr mit einer Pflanze, einem jungen Kätzchen, einer Melodie zu Hilfe eilt. Sie leidet an der Gottvergessenheit der Moderne, liebt die Schöpfung in all ihrer Vielfalt und sieht das Gute, Göttliche sogar im entstellten Antlitz eines Obdachlosen. Als Ade Bethune vorgeworfen wird, ihre Holzschnitte seien schönfärberisch, verteidigt Dorothy die Künstlerin: Sie sei froh, dass die Künstlerin dem Schönen und Guten Raum gebe, um die Lust danach zu wecken. Dorothy ist auch überzeugt, dass Kunstwerke von Vincent van Gogh und Käthe Kollwitz zu mitfühlendem Han-

---

9 Zitat aus der von Arthur Luther übersetzen deutschen Ausgabe von Fjodor Dostojewskis DER IDIOT (Gütersloh 2003, Seite 502).

deln beitragen und die Welt zu einem Ort verzaubern, in dem Gutsein leichter fällt.

Mit ihrer Liebe für das Schöne steht Dorothy von Kindesbeinen an Künstlerinnen und Dichtern nahe. Mit vielen von ihnen pflegt sie jahrzehntelange Freundschaften; den Künstlerfreunden aus ihrer Zeit in Greenwich (von denen Allen Tate, Caroline Gordon und Peggy Baird zum Katholizismus konvertieren) bleibt sie bis ins hohe Alter verbunden. Sie liest aktuelle Literatur von Aldous Huxley, Flannery O'Connors, Anne Fremantle, korrespondiert mit Sigrid Undset und William Everson, der als Bruder Antonius ein berühmter Beat-Poet wird. Bei Geldsorgen kann sie sich auf finanzielle Unterstützung aus Künstlerkreisen verlassen. Einmal erhält sie nach einem Telefonanruf bei Pablo Picasso 5000 US-Dollar.

Dorothys feines Gespür für Transzendentes in Schöpfung und Kunst lässt viele Menschen Gott und Welt mit anderen Augen betrachten. Ihr journalistischer Stil ist von Upton Sinclair und Mike Gold beeinflusst, die mit ihrem Humanismus die proletarische Literatur und Kunst in Amerika prägten. Auch Dorothy ist es ein Anliegen, dass möglichst vielen Menschen der Zugang zu Kunst und Kultur erschlossen wird. Der CATHOLIC WORKER wird trotz minimalem Layout sorgfältig gestaltet und die eindrücklichen Bilder von Ade Bethune und Fritz Eichenberg vertiefen die aufbauende Botschaft der Zeitung.

Dorothy kennt aber auch ihre Neigung zur Depression und zitiert im Alter oft einen Gedanken von John Ruskin: «The Duty of Delight» (Die Pflicht zur Freude). Obwohl ihr das Glücklichsein eine Verpflichtung ist, um andere glücklich zu machen, könnte Freude besser als Aufgabe und Dienst interpretiert werden. Im CW September 1974 schreibt sie:

> «Ruskin schrieb von der Pflicht des Entzückens und riet uns, die Köpfe zu erheben, um die Wolkenformen am Himmel zu betrachten.»

Später beschreibt sie ihr Tagwerk als Sakrament des Dienstes, das sie in jungen Jahren durch eine geduldige katholische Krankenschwester kennengelernt habe. Ihr ganzes Leben wird ihr zum Sakrament, zum äusseren Zeichen einer inwendigen Gnade. Gottes Anmut leuchtet ihr überall, und so prägt Achtsamkeit ihren Alltag. Als eine Mitarbeiterin ein Hemd in Putzlappen zerreissen will, erklärt ihr Dorothy, das dürfe sie nicht tun; jedes Ding, auch ein Hemd, habe Würde, sei sakramental.

Dorothys Theologie ist nie ideologisch oder weltfremd, sondern herb und existenzialistisch. Sie kennt das Entzücken und die Traurigkeit der Welt. Ein spirituelles Leben bedeutet für sie, jegliche Tätigkeit im Namen Jesu zu verrichten. So jätet sie kaum Unkraut, sondern sät grosszügig Liebe. Als im Januar 1979 ihr vierjähriger Urenkel Justin vom Schulbus getötet wird und Tamars Haus in Vermont, von ihrem Sorgenkind Nicholas angezündet, niederbrennt, leidet Dorothy sehr; zugleich ist sie überzeugt, dass Gott ihr Zeiten der Verzweiflung schicke, um verunsicherten Menschen näher zu sein. Hoffnung bleibt ihre Begleiterin, die sie als ein mit dem Glauben verknüpftes Gnadengeschenk versteht. Hoffnung kommt und geht wie der Rhythmus des Meeres und nährt ihre Gewissheit, dass in jeder Person etwas von Gott gegenwärtig ist. Sie weigert sich, die Welt nur mit rationalen Augen zu sehen, und sagt einmal, ohne Hoffnung und Glauben würde sie am Leid der Welt und an eigenen Versagen verzweifeln.

Da die Liebe im Leben aller Menschen eine zentrale Rolle spielt, fällt es Dorothy oft einfacher, über die Liebe zu sprechen als über Gott, der für sie Inbegriff der Liebe ist. Liebevolles Verhalten beschreibt sie als ein Überfliessen göttlicher Liebe. Deshalb schätzt sie die Aussage von Teresa aus Avila, man könne an der Art und Weise, wie jemand die Menschen liebe, seine Gottesliebe erkennen. Doch zusammen mit ihren Mitarbeitenden muss sie die schmerzliche Erfahrung machen, dass ein liebevoller Lebensstil auch zum Kreuzweg werden kann. Dorothy erträgt dieses Paradox mit der gläubigen Gewissheit, dass Menschen am Lebensende nur ihre auf Erden verschenkte Liebe vor Gott tragen können. In ihrem Liebeshandeln weiss sie sich begleitet von Christus, der für sie Kompagnon, Freund, Liebhaber, Meister, und Lehrer ist. Sie ist sich aber auch bewusst, dass der hingebungsvolle Dienst für andere eine tückische Seite hat. Im CW März 1952 beschreibt sie, dass willensstarke Menschen einen frömmlerischen Zug bekommen können, wenn sie zu nachgiebig Verletzungen einstecken, um ihre «Heiligkeit» aufzubauen. In einem solchen Fall möchte sie lieber zu denen gehören, die zuschlagen statt einstecken; lieber Sünderin statt Heilige sein.

Mit zunehmendem Alter ist Dorothy etwas milder mit sich. Sie entdeckt, dass sich Liebe nicht nur beim Dienen ausdrückt, sondern auch in der Annahme von Hilfe. Sie gönnt sich jeden Tag ein Gläschen Portwein und erlebt sich unter Gottes Blick geborgen, geliebt und befreit. Am Lebensende ist sie der festen Überzeugung, dass alles, was sie erreicht hat, Gottes Gnade zu verdanken sei. Stanley Vishnewski, der Dorothy seit 1933 treu begleitet, erklärt einmal, bei den Catholic Worker übe man die Wirtschaft des Himmelreiches: Alles ist gratis! Als er im November 1979 an einem Herzinfarkt stirbt, ist der Verlust für Dorothy und Tamar sehr hart, da er immer ein Teil der Familie war. Stanleys Nachruf ist Dorothys letzter Artikel für den CATHOLIC WORKER; danach schreibt sie nur noch kurze, tagebuchartige Kolumnen. Sie betet viel, möchte das Nachlassen ihrer Kräfte als Prozess annehmen, in den sie aktiv einstimmen kann, und leidet trotzdem unter Altersbeschwerden und am Motorenlärm der Hell's Angels vor ihrem Zimmerfenster. Bemüht um Versöhnung mit der Vergangenheit, versucht sie, ihre Gedanken auf himmlische Freuden auszurichten, und sieht die Gegenwart immer intensiver im Licht der Ewigkeit.

18 Letzte Pilgerreise

In ihrer Kolumne vom Juli 1979 informiert Dorothy die CW Leserschaft, dass sie bereit sei für ihre letzte Pilgerreise. Viele Menschen verabschieden sich von der ans Bett Gebundenen. Befreundete Catholic Worker, Mutter Theresa, César Chávez, Ernesto Cardenal und ihr Bruder John mit seinem Sohn besuchen sie. Die komplexe Beziehung zu Forster Batterham hat sich entspannt, sie telefonieren täglich. Tamar zieht nach New York. Die vielen Enkel- und Urenkelkinder erleben bei ihren Besuchen die freundliche Frau, die Geschichten erzählt und nie um die Zuwendung der Kinder buhlt, eher wie einen Grossvater.

Die junge Ärztin Marion Moses, die sich um mexikanische Landarbeiter kümmert, behandelt Dorothy. Sie ist dankbar für die regelmässigen Krankenbesuche und protestiert nicht, wenn Marion kritische Töne gegenüber der Kirche äussert. Einmal empfiehlt sie Dorothy das Editorial der TIMES zu lesen, in dem Hans Küngs Entzug der kirchlichen Lehrerlaubnis kommentiert wird. Ein anderes Mal ärgert sich die feministische Ärztin über die kirchliche Missachtung spiritueller Kompetenzen von Frauen und über Anweisungen zur Empfängnisverhütung. Dorothy notiert in ihrem Tagebuch den Ausbruch ihrer Ärztin, die es absurd findet, dass alte Männer so viel Macht über Frauen ausüben dürfen, und ergänzt, sie sei zwar keine Feministin, doch sehe sie die angesprochenen Probleme durchaus.

Dorothy trauert sehr um ihre Schwester Della, die im April 1980 stirbt. Damit Dorothy bei der Verabschiedung dabei sein kann, wird die schlichte Feier nach Art der Quäker im Maryhouse gehalten. Im Tagebuch erinnert sich Dorothy an eine einzige Auseinandersetzung mit Della. Als sie Dorothy einmal vorwirft, sie setze mit ihrer katholischen Auffassung die von mehrfacher Mutterschaft erschöpfte Tamar unter Druck, stürmt Dorothy wütend aus dem Haus. Della eilt ihr weinend nach und verspricht, nie mehr über Geburtenkontrolle zu sprechen.

In ihrer letzten Lebenszeit darf Dorothy auf die Fürsorge vieler Catholic Worker zählen. Sie ist dankbar, dass mit dem jungen Dominikaner Geoffrey Gneuhs ein Priester im Maryhouse lebt. Froh ist sie auch für ihren Betreuer und Türhüter Frank Donovan. Er schützt sie vor unerwünschten Besuchen, bringt ihr oft die Kommunion und wird ihr lieb, wie ein eigener Sohn. Ihre Tagebuchnotizen werden immer kürzer. Sie erinnert an den Geburtstag von Ammon und schreibt am 8. November 1980 nur:

«My birthday. 83 years old.»

Auf Anraten ihrer Ärztin willigt sie in einen kurzen Spitalaufenthalt ein, lehnt aber Behandlungen ab. Sie möchte im Maryhouse sterben, wo sie sich aufgehoben fühlt und Tamar ihr nahe sein kann. Am 29. November 1980 stirbt Dorothy im Beisein ihrer Tochter ganz ruhig. Ihr Herz hat sich erschöpft.

Die Nachricht über Dorothys Tod verbreitet sich wie ein Lauffeuer unter den Catholic Worker. Während einer intensiven Totenwache in irischer Tradition wollen sich alle von der aufgebahrten Matriarchin verabschieden, sie noch einmal berühren, ihrer im stillen Gebet und beim gemeinsamen Rosenkranz gedenken und bei einem Imbiss Erinnerungen austauschen. Einige Catholic Worker treffen sich nach dem Abschied von Dorothy in einem Pub und bechern kräftig. Als sie am nächsten Morgen ohne Kater erwachen, witzeln sie auf dem Weg zur Kirche, Dorothy habe das erste Wunder vollbracht.

Das Angebot von Kardinal Cooke, den Abschiedsgottesdienst unter seiner Leitung in der Kathedrale zu halten, lehnen Tamar

Abb. 16: Beerdigungsprozession, die Enkelkinder tragen Dorothy im Sarg zur Kirche

und die Verantwortlichen von Maryhouse ab, da man sich nicht an den Zeitplan des Kardinals halten möchte. Der Gottesdienst wird am 2. Dezember 1980 in der nahen Church of Nativity gefeiert. Obwohl nur enge Familienangehörige eingeladen sind, scharen sich Kirchenferne und Kirchennahe, Obdachlose, Professorinnen und Geistliche verschiedener Konfessionen vor dem kleinen Gotteshaus und füllen jede Ecke der Kirche. Es gibt keine Reservationen, auch Würdenträger müssen sich einen Platz suchen. Dennoch wagt es niemand, eine Obdachlose zu verscheuchen, die den Gottesdienst auf einer Kirchenbank verschläft. Hinter einer grossen Osterkerze wird Dorothy im Sarg, den ein Freiwilliger 1940 für sie zimmerte, von ihren Enkelkindern in die Kirche getragen. Neben Tamar und ihrer grossen Familie nehmen Dorothys Bruder John und Forster Batterham am Auferstehungsgottesdienst teil. Da Tamar drohte, sie käme nicht zur Beerdigung, wenn Pater John

Hugo der Liturgie vorstehe, wird sie von Pater Geoffrey Gneuhs geleitet. Er beginnt seine Predigt mit einem Zitat von Dorothy aus THE LONG LONELINESS:

> «Während meines ganzen Lebens wurde ich von Gott heimgesucht.»

Dann legt er dar, dass dieser Gott Dorothy nicht in ein bequemes, sondern in ein solidarisches Leben mit den Ausgestossenen geführt habe und wegen ihrer Proteste gegen Ausbeutung und Kriegstreiben sogar in Strafanstalten. Die Heimsuchung durch Gott habe Dorothy auch zu einer erstaunlichen und aussergewöhnlichen Pilgerreise des Glaubens geführt. Am Ende ihrer Reise sei Dorothy, die so vielen Menschen den Tisch gedeckt habe, nun eingeladen zum himmlischen Festmahl.

19 Haunted by God – die Zumutung, von Gott heimgesucht zu sein

Beschäftigt man sich mit Dorothy Day, entdeckt man, dass sich das Ringen mit Gott wie ein roter Faden durch ihr Leben zog. Sie schätzte den Ausdruck Konvertitin nicht, da er den Eindruck eines abgeschlossenen Prozesses vorgibt. Sie wollte lieber als Suchende bezeichnet werden, der die Sehnsucht nach Gott ins Herz gelegt wurde. Als Kind erlebte sie das Göttliche als ein Geheimnis, das sich furchterregend in Angstträumen zeigte. Die Hand eines unpersönlichen Gottes packte sie lieblos, und nur die tröstende Nähe der Mutter konnte sie beruhigen. Als junge Frau wollte Dorothy selbstbestimmt leben. Sie wendete sich über Jahre von Gott ab, konnte ihre religiösen Gefühle aber nie ganz unterdrücken. In ihrer Ruhelosigkeit durchwanderte sie Wüstenzeiten, die sie als THE LONG LONELINESS erlebte und rückblickend als göttliches Stossen und Drängen interpretierte. Erst das Gedicht THE HOUND OF HEAVEN von Francis Thompson erweckte in ihr Gottesbilder, die dem ergreifenden Wesen aus ihrer Kindheit die Strenge und den Schrecken nahmen. Der faszinierende Gedanke, dass Gott sich suchend und sehnend den Menschen zuwendet, weckte in ihr den Wunsch nach Hingabe.

Dorothy hatte kein Bekehrungserlebnis, das wie ein Blitz vom Himmel kam. Sie beschrieb ihre Konversion als einen langen Prozess, der entscheidend beeinflusst wurde durch die sinnliche Liebe zu Forster. Seine Begeisterung für die Schöpfung eröffnete ihr den Zugang zum Schöpfer, und die Schönheit der Natur ebnete ihr den Weg in die Kirche. Guter Hoffnung ging sie an einem Strand entlang und hatte den Eindruck, dass das Rollen der Wellen und die Weite des Meeres ganz natürlich zum Gotteslob führen. Sie fand zu einem persönlichen Gott, bei dem sie sich in ihrer Überfülle an Glück bergen konnte. Diese Gottesbeziehung trug sie durch ihr weiteres Leben, war ihr Hort und Halt in Freud und Leid.

Da Dorothy mittellos stirbt, finanziert die Erzdiözese ihre Beerdigung. Beigesetzt wird sie in einem gestifteten Grab auf dem Friedhof von Staten Island. Der schlichte Grabstein ist nach einer Grafik von Ade Bethune mit fünf Broten und zwei Fischen geschmückt. Zusammen mit dem Namen von Dorothy Day und dem eingeritzten DEO GRATIAS verweisen sie auf ein Leben, das für viele zum Geschenk wurde. Dorothys Nachlass ist die Vision einer gottgefüllten Zeit im Hier und Jetzt. In einer gottfernen Zeit nahm Dorothy ihre Erfahrungen mit dem HOUND OF HEAVEN auf, um Gott in Wort und Tat in die Welt zu tragen und Gott in der Welt zu finden.

20 Heilige Dorothy Day?

Schon 1952 beschrieb Dwight MacDonald im NEW YORKER Dorothy Day als säkulare Heilige. Aber die Frau, die wenig übrig hatte für die drei heiligen Kühe des 20. Jahrhunderts – Selbst, Nationalismus und Materialismus – wehrte sich zeitlebens dagegen, als Ausnahmefigur und Heilige auf einen Sockel gestellt zu werden. Sie verstand den Ruf nach Heiligkeit als Aufgabe aller Christgläubigen und nicht als unerreichbares Ideal einer Elite. Als sie einmal nach Visionen befragt wurde, antwortete Dorothy gereizt, sie habe regelmässige Erscheinungen von unbezahlten Rechnungen! Und um den Anflug von Engelgleichheit in den Wind zu schlagen, fluchte sie oft heftig. Sie wollte lieber ordinär als extraordinär wirken. Weil sie befürchtete, ein detailreiches Wissen um ihre Adoleszenz könne zur Nachahmung anregen, verschwieg sie aber lange ihre irrende und wirrende Lebensphase. Dabei ist gerade das Wissen um Dorothys dunkle Seiten vielen Catholic Worker Ermutigung auf ihrem eigenen Weg zur Heiligkeit.

Dorothy suchte einen Stil christlicher Existenz, der weniger die Nach*ahmung* Christi, sondern seine Nach*folge* betont, die Menschen in ihrer Individualität ernst nimmt und offener für unterschiedliche Lebensentwürfe ist. In der Nachfolge Christi, Mariens und der Heiligen können Gläubige all das tun, was dem Gemeinwohl und dem Reich Gottes dient. Dorothy übernahm das Heiligkeitskonzept von Paulus, der von den Heiligen in Korinth nicht annahm, dass sie ohne Fehl und Tadel sind, sondern ihr Leben als von Gott geheiligt verstand. Aus Dorothys Sicht braucht die

Abb. 17: Dorothy Day in den 1970er-Jahren

Moderne keine grossartigen Führer, sondern zeitlose Heilige, die Augenblicke der Ewigkeit eröffnen können. Beschrieb sie im CW vorbildhafte Menschen, wollte sie nicht zur Nachahmung von deren Tugenden anregen (wobei deren Laster auch in die Hölle führen können, wie sie einmal bemerkte), sondern zum Nachdenken über die je eigenen Talente, die es zu entwickeln gelte. Für Dorothy unterschied sich die Gemeinschaft der Heiligen von Menschenmassen, die mit einer sozialen Sicherheitsnummer wie Vieh markiert werden. Heilige waren für sie einzigartige Individuen, die ihre Sehnsucht und Gebrochenheit akzeptieren und ihre Berufung finden, um mit ihrem spezifischen Beitrag Gottes Menschenfreundlichkeit in die Welt zu tragen.

Leben und Werk von Dorothy Day waren durchleuchtet von der Beziehung zu Gott und seinen Heiligen. Sie notierte im Juli 1943 in ihr Tagebuch, ohne grosse und kleine Heilige könne sie nichts tun. Die erste, aber eindrückliche Begegnung mit Heiligen vermittelte ihr ein katholisches Mädchen aus der Nachbarschaft, als sie in Chigaco aufwuchs. Von der Lust nach Heiligkeit förmlich überwältigt, überzeugte sie ihre Schwester Della zu Frömmigkeitsübungen, die zum Askese-Wettstreit ausarteten. Als junge Erwachsene suchte sie ihre Vorbilder bei den Heldinnen und Märtyrern der radikalen Arbeiterbewegung und fragte sich nach ihrer Konversion, weshalb es kaum kanonisierte Heilige gebe, die sich für eine Veränderung der sozialen Ordnung eingesetzt hatten. Für Dorothys spirituelle Entwicklung war die Begegnung mit **Teresa von Avila** im Buch VARIETIES OF RELIGIOUS EXPERIENCE von William James von grösster Bedeutung. Sie vertiefte sich in Leben und Werk der spanischen Heiligen und entdeckte eine temperamentvolle Nonne, die gerne sang und tanzte, mit Kastagnetten feurige Rhythmen schlug und fröhliche Mitschwestern schätzte. Wichtig war ihr die Erkenntnis, dass Teresa nach ihrem Klostereintritt zwanzig Jahre lang um einen lebensförderlichen Umgang mit der Religion rang, als vitale Frau das Leben voll ausschöpfen wollte und sich zugleich nach Ganzhingabe an Gott sehnte. Dorothy erinnerte sich bei Heimsuchungen und Unbill oft an die feurige Spanierin, die ihr zur Seelenführerin wurde. In der reifen Dorothy sahen Freiwillige männlich-kraftvolle Züge und Führungsqualitäten, die oft mit Teresa von Avila in Verbindung gebracht werden. Doch in Peters Augen war Dorothy eine zweite **Katharina von Siena**. Beide Frauen beeinflussten mit ihrer charismatischen Ausstrahlung und ihren intelligenten Schriften die Menschen in ihrer Umgebung und die Kleriker an der Kirchenspitze. Die Kirchenlehrerin aus dem Mittelalter, die sich auch um die Armen kümmerte und eine familienähnliche Gemeinschaft aufbaute, wurde für Dorothy zur Kraftquelle für ihren eigenen Weg. In den Schriften Teresas und in Vorträgen ihrer Exerzitienmeister begegnete Dorothy dem spanischen Mystiker **Johannes vom Kreuz**. Seine wunderbaren Gedichte halfen ihr, auch in der dunklen Nacht der Seele Geborgenheit in Gott zu finden. Bei **Franz von Sales** lernte Dorothy einen spirituellen Übungsweg kennen, der einen sanften Umgang mit der Seele vorschlägt. Sie zitierte vielfach seine Worte: «Das Mass der Liebe ist, masslos zu lieben.» Peter machte sie mit den **Kirchenvätern** bekannt, die in den Armen den Schatz der Kirche sahen, und mit den **Wüstenvätern**, die ihren Rückzug aufgaben, um in Seuchenzeiten der Bevölkerung beizustehen. Zum modernen Wüstenvater **Charles de Foucauld** und zum Orden der Kleinen Brüdern und Schwestern entwickelte sie eine so enge Verbindung, dass sie sich 1959 überlegte, selbst der Gemeinschaft beizutreten. Zentral für die Catholic-Worker-Bewegung wurde jedoch **Franziskus von Assisi**. Dorothy sah ihn als wahren Anarchisten, der frei von Besitz und Machtanspruch friedfertig und glücklich lebte. Bei Franziskus fand sie Anregungen für eine Freundschaft mit der Armut, die anziehend auf die Menschen wirkt. Im CW erinnerte sie oft an den Poverello, der persönlichen Erfolg und den Reichtum der Kirche infrage stellte und eine evangelische Nachfolge lebte, die sich stark von der dominanten Kultur abhob. In den 1950er-Jahren vertiefte sich Dorothy in den kleinen Weg der **Thérèse von Lisieux**, der aufzeigt, welches Potenzial eine Einzelperson haben kann. Nach Jahren strenger Selbstkontrolle fand Dorothy mit Hilfe der jung verstorbenen französischen Nonne zu einem Weg der Heiligung, der ihr zum «Stolpern in die Arme Gottes» wurde. Doch ihr 1960 publiziertes Buch THERESE über die in Amerika wenig bekannte Heilige aus Frankreich hatte wenig Erfolg. Während seiner langen Entstehungszeit schrieb sie einer Freundin, es sei eine verfluchte (!) Tatsache, dass sie nur über sich selbst schreiben könne. Es wäre wohl besser, wieder Texte über Laien, die Arbeit und die Ideen der Catholic Worker zu verfassen. Deshalb berichtete Dorothy im CW Oktober 1963 über **heiligmässige Menschen der Gegenwart**, die mit ihrer *Compassion* (Mitleidenschaft) für die Armen Gottes Liebe konkretisieren. Zur Gemeinschaft der Heiligen gehörten für Dorothy auch die in der Volksfrömmigkeit Russlands verwurzelten **heiligen Narren**.

Nicht nur schwierige Mitbewohner erlebte sie changierend zwischen Irrsinn und Heiligkeit, auch Catholic Worker wurden mit ihrem selbstlosen Lebensstil und einer tiefgründigen Gottesbeziehung oft als Irre betrachtet. Dorothy bezeichnete sich selbst als Närrin für Gott und erhoffte sich im Himmel ein Wiedersehen mit vielen Narren Christi. Als zutiefst gemeinschaftlicher Mensch beschäftige sie die Frage, weshalb die Gemeinschaft der Heiligen in der katholischen Kirche so eingeschränkt dargestellt werde. Als ihr kommunistischer Lieblingsbruder John sie einmal fragte, ob man Christus dienen könne, ohne es zu wissen, war für Dorothy – mit Verweis auf die Gerichtspredigt bei Matthäus (25,36) – klar, dass Christus den Menschen, die sich für die Armen einsetzen, sehr nahe sei. Sie beklagte das Fehlen moderner **Propheten,** forderte unermüdlich die Menschenwürde für die Besitzlosen ein und warnte vor dem «Schreien der Strassensteine», würde das Leid der Obdachlosen verschwiegen.

Dorothys Glaubenszeugnis war nie Zuckerguss, sondern Salz für die Erde. Ihre Seelengefährtinnen waren von Gottes Liebe Verwundete und leidenschaftlich Liebende. Sie schrieb einmal, ihre Interessenvertreter seien nicht die Mitglieder des amerikanischen Repräsentantenhauses, sondern die Heiligen im Himmel und die Kämpferinnen für eine gerechtere und gewaltfreie Welt auf Erden. Den staatlichen Beamten, die Dorothy über Jahrzehnte als Staatsfeindin überwachten, waren diese engen Beziehungen zu einem himmlischen Verwandtschaftsnetz so suspekt, dass ihre FBI-Akten mit Kurzbiografien der häufig erwähnten Heiligen ergänzt wurden.

Als sich die Claretiner ab 1983 für eine Heiligsprechung Dorothys einsetzen, findet eine Gruppe ihrer Glaubensgeschwister, diese Frau sei mit ihren Jugendsünden und ihrer politischen Gesinnung keine amerikanische Vorzeigeheilige. Andere unterstützen eine Heiligsprechung, weil Dorothy als Frau voller Widersprüche Vorbild für ein gelingendes Leben sein kann. Viele sind überzeugt, Dorothy wäre schon lange kanonisiert, könnten Gläubige dies bestimmen. Für die einen erfüllen die Speisung Tausender in den Häusern der Gastfreundschaft und das Fortbestehen ihres Werkes die Forderung nach einem Wunder, für andere ist Dorothy Wunder genug.[10] Sie präsentiert für viele einen neuen Typ politischer

---

10 Nach https://www.catholicworker.org wird 2021 in 160 Häusern und Farmen in den USA und in 27 Einrichtungen weltweit ein Leben im Geiste der Catholic Worker gestaltet. THE CATHOLIC WORKER wird mit einer Auflage

Heiligkeit. 1963 schrieb Thomas Merton, die Kirche brauche Heilige wie Dorothy, deren Gegenwart Trost und Vorwurf zugleich sei. Kardinal John O'Connor beschreibt 1997 Dorothys beunruhigenden Einfluss als anhaltendes Geschenk für die Kirche. In seinen Augen ist sie ein Vorbild für Heiligkeit im dritten Jahrtausend und eine geeignete Schutzpatronin der Einsamen. Für die Claretiner weist Dorothy der katholischen Kirche Amerikas mit ihrem Vorbild moderner Heiligkeit einen Weg zu den verletzlichen und sprachlosen Menschen. Der Claretinerpater Henry Fehren wünscht sich mehr kanonisierte Laien und erhofft sich, dass eine Heiligsprechung Dorothys inspirierende Persönlichkeit bekannter machen würde, da eine Kanonisierung nicht dem Nutzen der Verstorbenen, sondern der Lebenden diene. Sein Ordenskollege Thomas McGrath nimmt sogar in Kauf, dass Dorothy durch die Heiligsprechung gezähmt wird.[11]

Wegen solcher Aussagen sieht Dorothys Enkelin Kate Hennessy eine Kanonisierung als totale Zurückweisung ihrer Grossmutter, deren komplexer Lebensentwurf durch Glätten und Säubern beschnitten und zerstört würde. Dan Berrigan, der auch ohne Heiligsprechung die heilige Dorothy um Rat und Hilfe bittet, kann sich nicht vorstellen, dass ihr geschöntes Portrait dereinst im Petersdom enthüllt wird. Viele Catholic Worker finden Dorothy zu gut für die Kirche, weil sie nicht abschätzen können, was übrig bleibe, wenn die Kirche sich ihrer ermächtige. Sie befürchten, dass Dorothys Leben trivialisiert und entwertet werde, und erinnern, dass sie den Einsatz von 7 Millionen Dollar für die Heiligsprechung von Mutter Ann Seton 1974 mit Kopfschütteln kommentierte. Eine heilige Dorothy müsse die ganze, komplexe Dorothy bleiben, zu

---

> von 25 000 Exemplaren in die ganze Welt verschickt. Auch nach Dorothys Tod ist die Bewegung nicht in Schemata zu pressen. Ob sich Catholic Worker zur Abtreibungsfragen äussern, gegen Atomkraft, Kriegseinsätze und Todesstrafe wehren oder für Immigrantinnen und HIV-Kranke einstehen: Gemeinsam ist ihnen die Auffassung von einer bedingungslose Würde aller Menschen.

11 URL=https://uscatholic.org/articles/198309/lets-canonize-dorothy-day/.

der auch Menschen mit zerbrochenen Lebensentwürfen einen Zugang finden können.

Realen und spirituellen Familienangehörigen ist klar, dass entscheidend ist, wie die Kirche mit Dorothys Verhältnis zur Abtreibung umgehen werde, die auch bei den Catholic Worker ein Minenfeld ist.[12] Alle in der Bewegung setzen sich für den Schutz des Lebens und die Unterstützung von Schwangeren ein. Konservative bedauern, dass Dorothy sich nicht klarer gegen die Abtreibung positionierte. Liberale finden, dass Armut, die rigide Sexualmoral der katholischen Kirche und der sture Standpunkt der weissen Pro-Life-Befürworterinnen und -Befürworter für viel Leid verantwortlich sind, und ärgern sich, dass von offizieller Seite Dorothys lebenslanges Leiden an der Kirche nie erwähnt wird. Weil ihnen die Gewissensfreiheit am Herzen liegt, sind sie für Pro Choice und wollen auf keinen Fall, dass Dorothy auf Plakaten als Patronin gegen die Abtreibung missbraucht wird. Dorothy nahm nie öffentlich Stellung zur Abtreibung, kriminalisierte sie nie. Sie sprach von Sünde, Schmerz, Vergebung und von der Tatsache, dass alle straucheln können. Barmherzigkeit war ihr immer wichtiger als Verurteilung.

Trotz allem: Die ersten Schritte zum Heiligsprechungsprozess durch die Erzdiözese New York sind vollzogen. Nach Abklärungen in der Diözese verkündet der Erzbischof Kardinal John O'Connor

---

12 Oft macht es den Anschein, die katholische Kirche Amerikas beschäftige sich nur mit der Abtreibungsfrage. Massimo Faggioli schreibt am 28. Januar 2021 in COMMONWEAL, dass die amerikanische Bischofskonferenz tief gespalten sei und einige Mitglieder Präsident Trump nachtrauern. Nach der Wahl des Katholiken Joe Biden zum Präsidenten sicherte ihm der Vorsitzende der amerikanischen Bischofskonferenz, Erzbischof José Gomez, seine Unterstützung durch Gebete zu, äusserte aber Bedenken, dass die neue Regierung dem Übel der Abtreibung und der Genderthematik zu wenig bestimmt entgegentreten würde. Da seine Botschaft an den neugewählten Donald Trump viel herzlicher ausgefallen war, verurteilten einige Mitglieder der Bischofskonferenz das Statement von Gomez scharf. Vgl. URL=https://www.commonwealmagazine.org/podcast/second-catholic-president.

am 16. März 2000, dass der Heilige Stuhl das Begehren unterstütze und Dorothy Day den Ehrentitel «Dienerin Gottes» verliehen habe. Eine «Gilde» zur Unterstützung der Heiligsprechung wurde gegründet, und Medienmitteilungen verweisen nun öfters auf eine mögliche Heiligsprechung Dorothy Days. Auch die Würdigung Dorothys durch Papst Franziskus vor dem amerikanischen Kongress 2015 hat die Diskussionen um eine Heiligsprechung weiter angeregt. Wird Dorothy heiliggesprochen, ist Robert Ellsberg dankbar für eine Friedenspatronin auf der Allmend, um die sich unterschiedlichste Menschen auf ihrem Weg zur Heiligkeit scharen können und an die weltverändernde Kraft Einzelner erinnert, die mutig und still Frieden säen.

21 Ausklang

Nach dem Münsteraner Kirchenhistoriker Hubert Wolf befindet sich die katholische Kirche in einer existenziellen Krise.[13] Sie hat seit etwa 250 Jahren zuerst viele Intellektuelle und später einen Grossteil der Arbeiterschaft verloren. Doch nun sind es Gläubige, die nach langem Engagement der Kirche enttäuscht den Rücken zukehren. Vor allem Frauen haben das Vertrauen in eine von Männern dominierte Kirche verloren, bei der durch die Aufdeckung des unsäglichen, sich vielfältig äussernden Machtmissbrauchs mit erschreckender Deutlichkeit die Kluft zwischen verkündeter und gelebter Moral enthüllte. Viele Katholikinnen und Katholiken, die mit ihrem diakonischen Einsatz in ihren Pfarreien zum guten Ruf der Kirche beitragen, vermissen schmerzlich die Umsetzung der Erkenntnisse des Zweiten Vatikanischen Konzils, denn neue Formen von Leitungsfunktionen, ökumenischer Zusammenarbeit und Laienmitsprache werden weiterhin von oben blockiert.[14] Und wo

---

13 Über die Systemkrise der Katholischen Kirche, notwendige Reformen und die Geheimnisse in den Vatikanarchiven. Interview mit Prof. Dr. Hubert Wolf, Podcast der Westfälischen Wilhelms-Universität Münster vom 13.12.2019, URL=https://www.uni-muenster.de/kommunikation/podcast/2019/20191213_wolf.html.

14 Verwandt mit der Spiritualität der Catholic Worker ist z.B. der von Schwester Ariane Stöcklin gegründete Verein *incontro* (URL=https://incontro-verein.ch), dessen Mitglieder unter dem Motto Broken Bread an der Zürcher Langstrasse Obdachlosen und Sexarbeiterinnen warme Mahlzeiten bringen, sowie die von Laien unterstützte Arbeit von Pfarrer Martin Kopp, der in Erstfeld mit Flüchtlingen zusammenlebt.

bleibt der Kummer über all die Menschen, die die Kirche heute verlassen? Auf rekordverdächtige Austrittszahlen in der Schweiz beschwichtigt die Schweizerische Bischofskonferenz mit den Worten, «dass die Kirche als Leib Christi weit mehr als eine Ansammlung von Zahlen und Fakten ist». Arnd Bünker, Leiter des Schweizerischen Pastoralsoziologischen Instituts, kommentiert, dass es bei der Gruppe der Ausgetretenen nicht um Zahlen gehe, «sondern um 31772 sehr konkrete Menschen, die in der Regel nach einer langen Phase der Entfremdung und Distanzierung der Kirche 2019 ‹Adieu› sagten. Angesichts dieser Realität kann die Erinnerung an das paulinische Wort vom Leib Christi kein Beruhigungsmittel sein. Sie müsste in einem Schmerzensschrei enden: ‹Wenn ein Glied leidet, leiden alle Glieder mit.› (1 Kor 10,26)»[15]

Papst Franziskus sieht die Krise der Kirche. Kurz vor seiner Wahl zum Bischof von Rom hielt Jorge Maria Bergoglio Anfang März 2013 vor den Kardinälen eine Rede, in der er sagte, die Kirche brauche eine radikale Neuorientierung. Ihre eigentliche Aufgabe sei die Verkündigung des Evangeliums; sie müsse auf die Strassen und Plätze gehen. Denn nur eine Kirche, die auch die Menschen am Rande der Gesellschaft anspreche, erfülle den Auftrag Jesu.[16] Als Papst versucht Franziskus diese Forderung umzusetzen. Er wäscht Strafgefangenen die Füsse, unterstützt Obdachlose und schreibt in seinen Enzykliken von einer Weltengemeinschaft der Geschwisterlichkeit und Solidarität, die die Schöpfung achtet. Auch in seinem Buch, das er während der Corona-Pandemie schrieb, macht er deutlich, dass die Menschen sich um Jesus versammelten, weil er sie ernst nahm, ihre Würde anerkannte und ihre Sehnsucht nach Gott weckte.[17] Und in seiner Predigt zum Welttag der Armen vom 15. November 2020 erklärt er den Mangel

---

15 Arnd Bünker, KIRCHENAUSTRITTE – URSACHEN UND ANLÄSSE, in SKZ 06/2021, 134–135.
16 URL=https://www.domradio.de/themen/papst-franziskus/2013-03-27/brandrede-bergoglios-aus-dem-vorkonklave-veroeffentlicht.
17 Papst Franziskus, WAGE ZU TRÄUMEN! MIT ZUVERSICHT AUS DER KRISE, München 2020.

Abb. 18: Dorothy schöpft Franziskanern in Detroit Suppe, ca. 1955

an Liebe als grösste Armut, da am Lebensende sich nur das, was wir verschenkt haben, als Reichtum erweisen wird. «Wenn wir schon nicht arm leben wollen, dann bitten wir um die Gnade, Jesus in den Armen sehen und Jesus in den Armen dienen zu dürfen.»[18] Ein Papstwort, das von Dorothy Day stammen könnte! Es sind allerdings viele Jahrzehnte vergangen, seit sie der römisch-katholischen Kirche beitrat, weil sie solidarisch mit Arbeiterinnen und den Arbeitslosen Gott loben wollte. Doch sie vermisste bitterlich eine Kultur der einladenden Katholizität und sah die Einheit der Kirche bedroht durch Katholiken, die sich nicht für ihre unterprivilegierten Glaubensgeschwister einsetzen, und durch die, die sich im alleinigen Besitz der Wahrheit wähnen. Ihre Vision von Kirche

---

18 URL=https://www.vaticannews.va/de/papst/news/2020-11/papst-franziskus-predigt-wortlaut-welttag-armen-deutsch-vatikan.html.

deutete das Zusammenleben in einer egalitären Kommunität als zentrale Botschaft des Christentums und prägte eine katholische Identität mit den Schwerpunkten Gemeinschaft, Einfachheit und Liebe. Dorothy popularisierte und demokratisierte die Lehre vom Mystischen Leib Christi: Alle gehören dazu! Da diese Verbundenheit verpflichtet, fand sie es unsinnig, in der Eucharistie die weltumspannende Einheit zu feiern, um sich nachher an der weltweiten Zerstörung zu beteiligen. Dennoch war es Dorothy ein Anliegen, dass Katholizität vielstimmig bleibt, alle zu Wort kommen und Widersprüchliches auszuhalten ist.

Für viele katholische Amerikanerinnen und Amerikaner war Dorothy die erste Person, die die politische und mystische Dimension der Kirche vereinte. Für ihre Mitarbeitenden war es offensichtlich, dass sie die Zeichen der Zeit erkannte. Zusammen mit Peter Maurin stiess sie in einer Kirche, die sich nicht mit den eigenen Machtstrukturen und der strukturellen Ungerechtigkeit der Gesellschaft auseinandersetzen wollte, eine neue spirituelle Bewegung an, die den Katholizismus in Amerika bis ins Mark veränderte. Besonders deutlich wurde dies an ihrer Beerdigung: Vertreterinnen und Verfechter des rechten und linken Flügels der katholischen Kirche, Gläubige verschiedener Religionen und Menschen guten Willens trauerten um eine Frau, die ein Leben in Fülle für alle erkämpfte und erbetete. Die Kraft für ihr Lebenszeugnis und ihre Hoffnung auf allumfassendes Heil für alle schöpfte sie aus dem katholischen Glauben. Da sie sich bewusst war, dass die Kirche für die Verkündigung und Umsetzung des Evangeliums die wegweisende Begleitung der Ausgegrenzten benötigt, forderte sie mit ihrem personalistischen Ansatz und der Option für die Armen die katholische Kirche Amerikas heraus.

Als Peggy Scherer, die Herausgeberin des CATHOLIC WORKER, nach der Beerdigung gefragt wurde, ob Zeitung und Bewegung nun zusammenfallen würden, antwortete sie, man habe zwar Dorothy verloren, aber nicht die Frohbotschaft. Für Catholic Worker ist nicht Dorothy das Zentrum der Bewegung, sondern Christus; Dorothy habe aber mit ihrem auf Christus bezogenen

Lebenszeugnis Menschen so beeindruckt, dass auch sie ihre Gottesbeziehung vertiefen und ihren Glauben überzeugender zum Ausdruck bringen konnten. Sie durften miterleben, wie Dorothy ihren Alltag als Gottesdienst verstand. Die Begegnung mit den Geringsten war für sie eine personale Begegnung mit Christus, deshalb berührte sie das Brotbrechen mit ihnen wie ein Sakrament. Im Zentrum ihres Seins stand ein Lebenszeugnis, das die Hinwendung zum Nächsten als Glaubensausdruck deutet. Sie schrieb einmal, wenn Christgläubige sich nicht wie Jesus in die Niederungen der Welt begeben, sich nicht dem Leiden und Schmerz der Menschen aussetzen, sei ihr Glaube Humbug. Und am 30. November 1944 notierte sie in ihr Tagebuch:

> «Das einzige sichtbare Zeichen des Christentums ist brüderliche Liebe. Wo ist sie jetzt? Wir müssen überzeugt sein von Jesus und versuchen, sein Leben nachzugestalten.»

Da der Ausdruck Martyrium meist mit einem heldenhaften Blutzeugnis gleichgesetzt wird, stellte Dorothy klar, dass auch ein schlichtes und mutiges Dasein für die Mitmenschen ein Glaubenszeugnis sei, das gefährlich werden könne. In ihrer radikalen Nachfolge Jesu ging Dorothy Schritt für Schritt einen gewaltfreien Weg, der Tapferkeit und Verzicht forderte. Vor dem Zweiten Weltkrieg schrieb sie sogar von heroischen Qualitäten, die es brauche, um den pazifistischen Standpunkt gegen Staat und Kirche zu vertreten, den Zorn der kurzsichtig denkenden Menge zu ertragen, verbale Schläge und Todesdrohungen wegzustecken und trotzdem eine Haltung der Feindesliebe und Gewaltlosigkeit zu bewahren. Beim Besuch der rassendurchmischten Farmgenossenschaft *Koinonia* wurde ihr Auto von Ku-Klux-Klan-Anhängern beschossen. Dorothy überlebte den Angriff nur, weil sie sich geistesgegenwärtig duckte. Im Slum von New York teilte sie den Alltag mit Kriminellen, Verwirrten und Perversen und interpretierte ihr Lebenszeugnis als Gebet. Etwas aufmüpfig sagte die 73-Jährige einem Freund:

«Hat Gott bestimmt, welche Gebetsform er von uns erwartet? Seit wann sind Worte die einzig akzeptierte Form von Gebet?»

Dorothy Day wusste, dass sie einen einsamen Weg beschritt, der nur mit der Liebe zu Gott und zur Welt möglich war. Ein grosses Martyrium war für sie, die Liebe zu einer Kirche aufrechtzuhalten, die Krieg und Todesstrafe unterstützte, «people of color» ausgrenzte, Laien und Frauen nicht ernst nahm. Doch die von Dorothy vorgelebte handfeste Spiritualität wurde für Catholic Worker die religiöse Lebensform der Zukunft. Obwohl viele von ihnen bis heute an der römisch-katholischen Kirche leiden, tragen sie persönliche Mitverantwortung für deren Wohl und Weh, weil sie überzeugt sind, dass die Kirche nur katholisch ist, wenn viele zu ihrer Lebendigkeit beitragen. Dem Evangelium verpflichtet, warten sie nicht auf Anweisungen von oben, sondern packen an. Sie erinnern sich an Dorothy, die 1968 einem Freund aus der katholischen Friedensbewegung schrieb, der wegen der kirchlichen Hierarchie beinahe den Glauben verlor:

> «Als Konvertitin erwartete ich nie viel von den Bischöfen. Die ganze Geschichte zeigt, dass Päpste, Bischöfe und Äbte blind, machthungrig und gierig zu sein schienen. Ich habe nie Führung von ihnen erwartet. Es sind die Heiligen, die durch den Gang der Geschichte die Kirche am Leben erhielten. Was ich erwarte ist das Brot des Lebens, und durch alle Zeiten hindurch gibt es diese Kontinuität.»[19]

Dorothy Day legte auf den Spuren Jesu glaubhaft Zeugnis ab für Gottes unglaubliche Güte. Auch ohne kirchliche Heiligsprechung

---

19 Forest Jim, ALL IS GRACE. A BIOGRAPHY OF DOROTHY DAY, Maryknoll, N.Y. 2011, 273: Dorothy sagt am 29. Oktober 1968 zu Gordon Zahn: «As a convert, I never expected much of the bishops. In all history popes and bishops and father abbots seem to have been blind and power loving and greedy. I never expected leadership from them. It is the saints that keep appearing all thru history who keep things going. What I do expect is the bread of life and down thru the ages there is that continuity.»

ist sie eine Inspirationsquelle für all jene Menschen, die unverdrossen am Reich Gottes bauen und die Hoffnung auf eine Kirche, in der Gläubige als Compagnons und Compagñeras das Brot des Lebens und den Alltag teilen, nicht aufgegeben haben. Als Karl Meyer sie am 3. August 1971 fragte, welche Gefühle sie gegenüber der institutionellen Kirche habe, antwortete sie:

> «Für mich ist sie der Ort im Elendsviertel, in unserer Nachbarschaft, an dem es möglich ist, allein zu sein, still zu sein, auf Gott zu warten. [...] Was immer auch passiert, wie korrupt die Kirche noch werden mag, sie trägt in sich immer die Samen ihrer eigenen Neubildung.»[20]

---

20 Ebd.: «For me it is the place in the slum, in our neighborhood, where it is possible to be alone, to be silent, to wait on the Lord. [...] No matter how corrupt the Church may become, it carries within it the seeds of its own regeneration.»

Text- und Bildnachweise

Benutzte Quelle

Schumacher-Bauer, Monika, 2016: *Genossin in Christus.* «Your fellow worker in Christ, DD.» Eine ekklesiologische Studie zu Leben und Werk der amerikanischen Journalistin und Sozialaktivistin Dorothy Day (1897–1980). Lit, Wien u. a.

Literatur von Dorothy Day
in der Reihenfolge ihrer Erstausgabe

Day, Dorothy, 1924: *The Eleventh Virgin.* New York: Albert and Charles Boni, URL=https://www.catholicworker.org/dorothyday/articles/1-plain.htm).

Day, Dorothy, 2006: *From Union Square to Rome* (1938), Neuausgabe Orbis Book, New York.

Day, Dorothy, 1939: *House of Hospitality.* Sheed&Ward, New York/London.

Day, Dorothy, 1999: *On Pilgrimage* (1948), Ressourcement in Catholic Thought. Wm. B. Eerdmans Publishing Company, Michigan.

Day, Dorothy, 1997: *The Long Loneliness* (1952). The Autobiography of the Legendary Catholic Social Activist. Harper San Francisco/New York.

Dorothy, Day, 1991: *Therese.* A Life of Therese of Lisieux (1960), 5. Aufl., Templegate Publishers, Springfield.

Day, Dorothy, 1997: *Loaves and Fishes* (1963). The inspriring story of the Catholic Worker movement, Neuausgabe aus Anlass des 100. Geburtstages von Dorothy Day. Maryknoll, New York.

Day, Dorothy, 1972: *On Pilgrimage: The Sixties.* Curtis Books, New York.

Day, Dorothy, 2002: *Writings from Commonweal*, hg. von Jordan, Patrick. Collegeville, Minnesota.

Day, Dorothy, 2005: *Selected Writings*, hg. von Ellsberg, Robert, 3. Aufl. Orbis Books, Maryknoll, New York.

Day, Dorothy, 2008: *The Duty of Delight.* The Diaries of Dorothy Day, hg. von Ellsberg, Robert. Marquette University, Milwaukee.

Day, Dorothy, 2010: *All the Way to Heaven.* The Selected Letters of Dorothy Day, hg. von Ellsberg, Robert. Marquette University, Milwaukee.

Day, Dorothy, 2016: *Dorothy Day and the Catholic Worker.* The miracle of our continuance, mit Fotografien von Cherry, Vivian, hg. von Hennessy, Kate. Fordham University Press, New York.

Eine aktuelle Bibliografie und ein Grossteil von Dorothys Schriften bei URL=https://www.catholicworker.org/dorothyday/browse/index.html.

Zum Kanonisierungsprozess von Dorothy Day gibt es eine Sammlung von Artikeln bei URL=https://www.catholicworker.org/dorothyday/canonization.html.

Diverse Videos auf Youtube

Revolution of the Heart, URL=https://www.pbs.org/video/revolution-of-the-heart-the-dorothy-day-story-lwz697/ Film von Martin Doblmeier (23.10.2020).

The Life of Dorothy Day, URL=https://www.pbs.org/video/religion-and-ethics-newsweekly-life-dorothy-day/ (25.3.2020).

Don't Call Me a Saint, URL=http://www.youtube.com/watch?v=RKiLCDaCAOU (25.3.2020).

TV-Interview mit Dorothy Day 1977, URL=http://www.youtube.com/watch?v=0Dkv2ULYSXA (25.3.2020).
Who is Dorothy Day?, URL=https://www.youtube.com/watch?v=CphJLmS8-Fc (2.4.2020).

Biografien

Coles, Robert, 1993: *Dorothy Day*. A Radical Devotion (1987), Radcliffe Biography Series. Addison-Wesley Publishing Company, Reading.
Forest, Jim, 2011: *All Is Grace*. A Biography of Dorothy Day. Novalis, Tornonto.
Geffroy Elisabeth et al., 2018: *Dorothy Day*. La révolution du coeur. Tallandier, Paris.
Hennessy, Kate, 2017: *Dorothy Day*. The World Will Be Saved by Beauty. An Intimate Portrait of My Grandmother. Scribner, New York.
Loughery, John; Randolph Blythe, 2020: *Dorothy Day*. Dissenting Voice of the American Century. Simon & Schuster, New York.
Miller, William D., 1982: *Dorothy Day*, A Biography. Harper&Row, New York.
Wright, Terrence C., 2018: *Dorothy Day*. An Introduction to Her Life and Thought. Ignatius Press, San Francisco.

Deutsche Literatur von oder über Dorothy Day

Danowski, Christiane, 2004: *Radikale Heilige*. Dorothy Day, Peter Maurin, Persönlichkeiten der Catholic-Worker-Bewegung, Hg. von Brot und Rosen. Diakonische Basisgemeinschaft Hamburg.
Day, Dorothy, 1957: *Ich konnte nicht vorüber*. Ein Lebensbericht. *The Long Loneliness* ins Deutsche übersetzt von Elizabeth Mayer. Herder, Freiburg i. Br.
Feldmann, Christian, 1984: *Die fromme Radikale*. Die Journalistin Dorothy Day und ihre «Catholic Workers», in: ders., 1984:

Träume beginnen zu leben. Grosse Christen unseres Jahrhunderts. Herder, Freiburg i. Br., 126–151.

Forest, Jim, 1989: *Dorothy Day, Das Mass ist Liebe.* Die Biografie von Dorothy Day, aus dem Englischen von Alfred Kuoni, mit einem Vorwort von Dorothee Sölle. Pendo, Zürich.

Sirch, Angelika, 2010: *Der ganze Weg zum Himmel ist Himmel.* Über Gotteserfahrung und Weltverantwortung bei Dorothy Day. Lang, Frankfurt a. M.

Sölle, Dorothee, 1999: *Mystik und Widerstand.* Piper, München.

Bildmaterial

Alle Bilder wurden uns freundlicherweise von den Archiven der John P. Raynor, S.J. Library an der Marquette University in Milwaukee, Wisconsin zur Verfügung gestellt. Den Archivaren William Fliss und Phillip Runkel sei für ihre bereitwillige Recherchen und die Digitalisierung ganz herzlich gedankt. Als Fotografen konnten ermittelt werden: Don Hessler (Abb. 8 und 9); Mottke Weismann (Abb. 14).

Coverabbildung: Photo by Diana Jo Davies, Diana Davies papers, Sophia Smith Collection, SSC-MS-00309, Smith College Special Collections, Northampton, Massachusetts. https://findingaids.smith.edu/repositories/2/resources/596 (29.8.2022)

Register

A
Abbé Pierre (Henri Antoine Grouès) 34, 36, 75
Adam, Mrs (Krankenschwester) 21
Aloysia, Sr. 27f.
Arendt, Hannah 61
Armstrong, Neil 129
Auden, Wystan Hugh 53, 120
Augustinus, Aurelius von Hippo 13, 20, 86

B
Baez, Joan 130–132
Baird Johns, Peggy 19, 24, 145
Bakunin, Michael 86
Batterham, Forster 25–30, 59, 148, 150, 152
Belloc, Hilaire 37, 60
Bergoglio, Jorge Maria / Franziskus (Papst) 163
Bernanos, Georges 38
Berrigan, Daniel 62, 132–134, 159
Berrigan, Philip 132, 134
Bethune, Ade 42, 61, 104, 107, 123, 144f., 153
Biden, Joe 160
Bird, Agnes 58
Bloy, Léon 36
Brooks, David 7
Brophy, John 91f.
Bünker, Arnd 163
Burke, Kenneth 25

Burke, Lily 25
Burroughs, William S. 121

C
Callahan, Bill 58, 125
Câmara, Dom Hélder 127f.
Cardenal, Ernesto 128, 148
Cardijn, Joseph 90
Chávez, César 130, 148
Chesterton, Gilbert Keith 37
Cogley, John 102
Congar, Yves 127
Cooke, Terence 142, 149
Corbin, Martin 132, 140
Corbin, Rita 140
Cornell, Thomas 42, 54, 132f.
Cort, John 56, 60, 92
Cowley, Malcolm 24

D
Dan, Big 58
Day De Aragon, Teresa (Schwägerin) 30, 33, 49
Day, Donald (Bruder) 10, 13
Day, John (Bruder) 10, 13f., 16f., 25, 30, 49, 148, 150, 158
Day, John (Vater) 10, 12, 14, 17, 23, 30, 38, 50
Day, Sam Housten (Bruder) 10
Day-Satterlee, Grace (Mutter) 10, 12f., 17, 22, 27, 30, 98, 107, 119, 152

Day (Spier), Della (Schwester) 10f., 16f., 21–23, 25, 148f., 155
Debs, Eugen 13
de Foucauld, Charles 157
de Hueck, Catherine 123
Dell, Floyd 18
Dellinger, Betty 132
Dellinger, David 132
Deutsch, Alcuin 73
Dickens, Charles 38, 129, 143
DiGia, Ralph 117, 132
Dolci, Danilo 129
Donovan, Frank 149
Dostojewski, Fjodor 14, 20, 34, 38, 129, 143f.
Douglass, Jim 126f.
Duncan, Robert 120f.
Duncan, William 121

E
Eastman, Max 18
Egan, Eileen 127, 129, 143
Eichenberger, Fritz 42, 145
Eisenhower, Dwight 114
Ellard, Gerald 73
Ellsberg, Daniel 138
Ellsberg, Robert 8, 56, 138, 142, 161
English, Jack 108
Everson, William 145

F
Faggioli, Massimo 160
Falls, Arthur 123
Farina, Louis 103
Fehren, Henry 159
Feltin, Maurice 114
Figner, Vera 13
Fliss, William 172
Forest, Jim 54, 132, 167
Franziskus (Papst) 7, 161, 163f.
Franz von Assisi 37, 35, 44, 157
Franz von Sales 156
Freire, Paulo 83
Fremantle, Anne 145

G
Gandhi, Mahatma 111, 117
Gill, Eric 36, 78
Ginsberg, Allen 62, 121
Gneuhs, Geoffrey 149, 151
Gogh, Vincent van 135, 144
Goldman, Emma 14
Gold, Mike 17–20, 136, 145
Gomez, José 160
Gordon, Caroline 127, 145
Goss-Mayr, Hildegard 127
Goss-Mayr, Jean 126
Greene, Graham 38
Gregor I. der Grosse 43
Griffin, Gerry 108
Griffith, Bede 126
Guardini, Romano 36, 120
Gurley Flynn, Elizabeth 14, 114

H
Hanly Furfey, Paul 60, 80
Harrington, Michael 56, 114, 122
Haywood, Bill 129
Hellriegel, Martin 73
Hennacy, Ammon 30, 109–112, 115, 117f., 120, 149
Hennessy, Becky 83, 142
Hennessy, David 59, 96, 107, 118, 135
Hennessy, Eric 28, 136
Hennessy, Kate 7, 9, 159
Hennessy, Martha 135
Hennessy, Nicholas 146
Hennessy, Tamar Teresa 27–30, 49, 51, 59, 76, 95f., 98, 105–107, 118, 123, 130, 135, 142, 146–150
Hitler, Adolf 62, 76, 86
Ho Chi Minh 68, 131
Huerta, Dolores 130
Hugo, John J. 103–105, 107, 150f.
Huxley, Aldous 145
Huysman, Joris-Karl 23

I
Illich, Ivan 83
Iswolsky, Hélène 61

J

Jägerstätter, Franz 62
James, William 26, 156
Jefferson, Thomas 86
Jesus von Nazaret, Christus 8, 30, 39, 41, 44–46, 55, 64 f., 70–73, 79–81, 86, 108 f., 117, 123, 133–135, 138, 143, 146, 163 f., 166 f.
Johannes Chrysostomos 43
Johannes der Täufer 111
Johannes vom Kreuz 104, 156
Johannes XXIII. 125 f.
Jordan, Patrick 56
Josef (neutestamentlich) 49
Junia (neutestamentlich) 73
Justin (Urenkel) 146

K

Kain (atl.) 69
Katharina von Siena 156
Kearns, Chris 54
Kennedy, Bob 136
King, Martin Luther 122, 124, 134, 136, 138
Kollwitz, Käthe 144
Kopp, Martin 162
Kropotkin, Pjotr 13, 36, 86
Küng, Hans 148

L

Lacouture, Onesimus 103–105
La Farge, John 60, 124
LaPorte, Roger 133 f.
Larrabee, Kent 117
Lautner, Mariy Alice 58
Lenin, Wladimir I. 129
London, Jack 13
Loughery, John 7, 9
Ludlow, Bob 108

M

MacDonald, Dwight 116, 154
Mailer, Norman 120
Maria (Mutter Jesu) 46, 49, 130, 154
Maritain, Jacques 36, 60 f., 114, 118
Marta (neutestamentlich) 46
Marx, Karl 36, 92, 129
Mauriac, François 38
Maurin, Peter 7, 31–39, 41, 45, 55–57, 60–62, 80, 85, 88, 91, 93–98, 109, 119, 123, 156, 165
Maximos IV. 127
McCarthy, Joseph 114
McGrath, Thomas 159
McIntyre, James Francis 75
McNabb, Vincent 36, 95
McSorley, Joseph 43
McSorley, Richard 76
Merton, Thomas 44, 125, 127, 132 f., 159
Metz, Johann Baptist 80
Meyer, Karl 119, 168
Michel, Virgil 60, 69, 72
Miller, David 133
Moise, Lionel 21–23
Montessori, Maria 83
Moses, Marion 148
Mounier, Emmanuel 37
Mussolini, Benito 86
Muste, Abraham Johannes 117, 132 f., 136
Mutter Theresa 129, 148

N

Nanette (Freundin von Forster Batterham) 30, 119
Naughton, Irene 108
Neudecker, Leo 76
Nixon, Richard 136

O

O'Connor, John 159 f.
O'Connors, Flannery 145
O'Neill, Eugen/Gene 20, 23, 116
Ostrom, Elinor 93

P

Palache Gregory, Judith 59
Parks, Rosa 124

Paulus (neutestamentlich) 73, 80, 85f., 154
Paul VI. 127, 129, 142
Péguy, Charles 36
Petrus 46, 73
Picasso, Pablo 145
Pius XI. 31, 89, 116
Pius XII. 85, 114
Porcelli, Julia 56, 58, 123
Powell, Donald 59
Proudhon, Pierre-Joseph 36
Putnam, Samuel 23

R
Randolph, Blythe 7, 9
Reed, John 129
Rembrandt van Rijn 129
Reuther, Walter 91
Rice, Charles Owen 91, 134
Riegle Troester, Rosalie 56
Rimski-Korsakow, Nikolai 129
Rockefeller, John D. 42
Romero, Óscar 128
Roosevelt, Eleanor 77
Rosenberg, Ethel 114
Rosenberg, Julius 114
Rubljow, Andrei 130
Runkel, Phillip 172
Ruskin, John 145
Russo, Anthony 138
Rustin, Bayard 132
Ryan, John 61

S
Sacco, Nicola 28
Sanger, Margaret 16
Sangier, Marc (Evangelist Marc) 34
Scherer, Peggy 165
Schumacher, Friedrich Ernst 97
Seton, Ann 159
Sheehan, Arthur 102
Silone, Ignazio 38, 129
Simons, Rayna 16, 23, 80, 129
Sinclair, Upton 13, 145
Snyder, Gary 121

Sölle, Dorothee 140
Solowjow, Wladimir 62
Spellman, Francis J. 72, 74f., 108, 116
Spock, Benjamin 134
Stalin, Josef 86
Steed, Robert 59
Stern, Karl 132
Stöcklin, Ariane 162
Sturzo, Luigi 36
Sullivan, Tom 102, 108

T
Tate, Allen 145
Teresa von Avila 146, 156
Thérèse von Lisieux 157
Thich Nhat Hanh 133
Thomas von Aquin 86
Thomas von Kempen 13
Thompson, Francis 20, 152
Thoreau, Henry David 93, 117
Tobey, Berkeley 22
Tolstoi, Leo 14, 34, 38, 117, 143
Trotzki, Leo 18
Truman, Harry S. 108
Trump, Donald 160

U
Undset, Sigrid 61, 145

V
Vann, Gerald 95
Vanzetti, Bartolomeo 28
Venard, Theophane 131
Vishnewski, Stanley 49, 56, 107, 125, 147

W
Weston, Dorothy 61
Wilson, Thomas Woodrow 20
Wolf, Hubert 162

Z
Zahn, Gordon 62, 127, 167
Zarella, Joe 58, 98

Dank

Für grosszügige Beiträge, die diese Publikation ermöglicht haben, danke ich der Katholischen Kirche im Kanton Zürich und dem Ökumenischen Förderverein Luzern. Ein grosser Dank gilt auch Prof. em. Dr. Wolfgang Müller, der das Buchprojekt von Anfang an begleitete, Aurelian Schumacher für die Unterstützung bei Computerfragen und Dr. Markus Zimmer, der mit Sorgfalt und Fachwissen den Text lektorierte.